JOHANNES PAUL II. IN ÖSTERREICH

Unserer lieben Poldi

zu ihrem 75. Geburtstag

entbieten Ihr viele Glück- und Segenswünsch

für die weitere Zukunft

verbunden mit dem herzlichsten Dank

für die vielen Zeugnisse der helfenden Liebe

Wien, 17. Dezember 1983

Peperl

Otto

JOHANNES PAUL II. IN ÖSTERREICH

Ein Buch zur Erinnerung

Herausgegeben von
Franz Hummer und Martin Gebhart

Mit einem Vorwort von
Kardinal Dr. Franz König

Herold Verlag Wien · München
Don Bosco Verlag München

Alle Reden und Ansprachen wurden in der Fassung des offiziellen Pressezentrums der Bischofskonferenz abgedruckt. Papstzitate in der dritten Spalte dienen in erster Linie der raschen Orientierung über die wesentlichen Inhalte der jeweiligen Ansprache.

Herausgeber und Verlag sind folgenden Photographen für die Überlassung der Bildunterlagen zu Dank verpflichtet:
Foto Felici, Rom; Bernhard J. Holzner, Wien; Hannes Ifkovits/US PRESS; François Lochon/GAMMA-US PRESS; Arturo Mari, Rom; Pressebilddienst Votava, Wien.
Umschlagbilder: Vorderseite Arturo Mari, Rom; Rückseite Foto Felici, Rom.

CIP-Kurztitelaufnahme der Deutschen Bibliothek

Joh. Paul II. [der 2] in Österreich: e. Buch zur Erinnerung/hrsg. Franz Hummer u. Martin Gebhart. Mit Vorw. von Franz König.
Wien; München: Herold-Verlag; München: Don-Bosco-Verlag, 1983.
ISBN 3-7008-0225-0 (Herold-Verl.)
ISBN 3-7698-0428-1 (Don-Bosco-Verl.)

NE: Hummer, Franz [hrsg.]

3. Auflage 1983

Schutzumschlag und Ausstattung: Hans Schaumberger, Wien
Druck: Herold, Wien 8

ISBN 3-7008-0225-0, Herold
ISBN 3-7698-0482-1, Don Bosco

Inhalt

Vorwort von Kardinal Dr. Franz König 7

Eintreffen des Papstes in Wien-Schwechat 9

Europavesper 12

Jugendbegegnung 30

Begegnung mit den Verantwortlichen der christlichen Kirchen in Österreich 37

Festgottesdienst 43

Besuch des Papstes im Haus der Barmherzigkeit 53

Empfang beim Bundespräsidenten in der Hofburg 57

Empfang des Diplomatischen Korps in der Apostolischen Nuntiatur 61

Eucharistiefeier im Wiener Stephansdom 64

Begegnung des Papstes mit Vertretern von Wissenschaft und Kunst 73

Treffen des Papstes mit den österreichischen Bischöfen 77

Der Papst in der UNO-City 83

Begegnung des Papstes mit österreichischen Arbeitnehmern und mit Gastarbeitern 86

Begegnung mit polnischen Landsleuten 93

Der Papst auf dem Kahlenberg 96

Wallfahrt des Papstes nach Mariazell mit Priestern und Ordensleuten 98

Verabschiedung auf dem Flughafen Wien-Schwechat 108

Johannes Paul II. – ein Papst aus dem Volk für das Volk 111

Pressestimmen 112

Vorwort

Die fünf Septembertage von Katholikentag und Papstbesuch werden allen, die sie persönlich oder durch Vermittlung der Medien miterleben konnten, unvergeßlich bleiben. In diesen fünf Tagen vom 9. bis zum 13. September 1983 wurde spürbar und sichtbar, was christliche Hoffnung, was christliche Freude ist. Es war – in viel höherem Maß, als wir alle jemals zu hoffen gewagt hatten – ein Fest des Glaubens. Ein echtes Fest des Glaubens, das durch die faszinierende persönliche Ausstrahlung Papst Johannes Pauls II. weit über den Kreis der gläubigen Katholiken hinaus die Menschen Österreichs bewegt und ergriffen hat. Denn er versucht, das Wort Christi: „. . . Ich bin nicht gekommen, um die Welt zu richten, sondern um sie zu retten“ (Joh 12, 47b), allen nahezubringen.

Die Faszination der Persönlichkeit des Papstes liegt nicht – und das haben alle gespürt – an seiner bemerkenswerten Art, mittelbar und unmittelbar durch Medien auf Massen zu wirken, sondern in seinem täglichen Bemühen, Gott nahe zu sein und der Botschaft des Evangeliums vorbehaltlos zu dienen. Er sucht nicht sich selber, sondern ist erfüllt vom Bemühen an seiner Aufgabe, die ihn in die Nähe Gottes führt und dadurch in die Nähe des Menschen. Mit anderen Worten heißt das, Gottesliebe an der Menschenliebe sichtbar zu machen. Es war gerade das einfache Volk – die Massen am Straßenrand –, das gespürt hat, wie dieser Mann selbstlos und daher echt auf Menschen zugeht und sucht, was klein, bescheiden, hilflos, verlassen zu sein scheint.

Seine ausladenden Gesten wollten sagen: Ihr seid nicht für mich, sondern ich bin für Euch da, um zu helfen, zu suchen, den rechten Weg, um die Wahrheit und das Leben zu finden. Ein Leben, das nicht stirbt.

Der Katholikentag und die Begegnung mit Papst Johannes Paul II. haben für viele Menschen dieses Landes einen Aufbruch bedeutet: für manche eine Wiederentdeckung des Glaubensoptimismus und des Gemeinschaftsbewußtseins, für andere eine Neuentdeckung des christlichen Lebensmodells, das in diesen Tagen so anziehend dargestellt wurde, wieder für andere einen Zugang zur längst verschüttet geglaubten Wahrheit der christlichen Überzeugung.

Vor allem haben unzählige Menschen in der Begegnung mit Johannes Paul II., aber auch in der Begegnung mit dieser sich plötzlich so vital zeigenden katholischen Kirche Österreichs und ihrer Jugend ein neues Bild von Kirche entdeckt. Die Kirche sichtbar und erfahrbar zu machen, ist ihm ein besonderes Anliegen. Vorurteile eines alten, längst überholten Kirchenbildes hatten ihnen vielfach den Blick auf die Realität der Kirche nach dem Zweiten Vatikanischen Konzil verstellt. Beim Katholikentag und in der Begegnung mit dem Papst wurde jene Kirche sichtbar, wie sie das Zweite Vatikanische Konzil gewollt hat: die Kirche als geschwisterliche Gemeinschaft aus Laien und Priestern und Bischöfen mit dem Papst an der Spitze, die Kirche als Volk Gottes auf der Pilgerschaft, das auf das Wort Gottes hört.

Johannes Paul II. wollte bei seinem Besuch in Österreich vor allem das zum Ausdruck bringen, was im Thessalonicher-Brief steht: „Darum danken wir Gott unablässig dafür, daß ihr das Wort Gottes, das ihr durch eure Verkündigung empfangen habt, nicht als Menschenwort, sondern – was es in Wahrheit ist – als Gotteswort angenommen habt; und jetzt ist es in euch, den Gläubigen, wirksam“ (1 Thess, 2,13).

Daß es zu diesem glücklichen Augenblick in der Geschichte Österreichs – der in der kollektiven Erinnerung tief eingeschrieben bleiben wird – kommen konnte, ist, abgesehen von der Gnade Gottes, der gründlichen Vorbereitung auf Katholikentag und Papstbesuch zu verdanken. Fast zwei Jahre lang haben unzählige Menschen im Hinblick auf dieses Ereignis gebetet, diskutiert, die Probleme von heute im Licht des Glaubens bedacht. Das schöne Fest des Glaubens in den Tagen vom 9. bis zum 13. September war die Frucht dieses Bemühens.

Ebenso wichtig wie die Vorbereitung ist aber die Nacharbeit. Papst Johannes Paul II. hat es selbst in seiner Ansprache auf dem Kahlenberg betont. Es geht darum, die Impulse dieses Glaubensfestes in die Tat des Lebens, in die Tat des Alltags umzusetzen. Das ist kein Programm von heute auf morgen, sondern ein Langzeitprogramm der kleinen Schritte. Aber wir müssen heute bereits damit beginnen, da wir alle noch vom Optimismus und von der Freude aus der Begegnung mit Johannes Paul II. getragen sind.

Das vorliegende Buch ist eine wichtige Hilfe für diese Nacharbeit. Es bietet Gelegenheit, allein oder in der Familie, in der Gruppe oder in der Pfarrgemeinde die wegweisenden Worte des Nachfolgers Petri, die Fragen und Antwortversuche der österreichischen Katholiken noch einmal zu bedenken und auf die eigene konkrete Situation anzuwenden.

So könnte dieses Buch ein wertvoller Beitrag dazu sein, daß aus dem Katholikentag ein Katholikenleben wird, wie es in einem der vielen Briefe heißt, die ich nach diesem großen Fest des Glaubens erhalten habe.

Das wünscht allen Lesern dieser Dokumentation von Herzen

Ihr

+ F. Kard. König

Eintreffen des Papstes in Wien-Schwechat

Papst Johannes Paul II. landete am 10. September 1983 um 14.45 Uhr auf dem Flughafen Wien-Schwechat, um Österreich einen viertägigen Besuch abzustatten. Auch bei seiner 20. Auslandsreise küßte der Papst unmittelbar nach dem Verlassen der Alitalia-Maschine den Boden des Gastgeberlandes.

Österreichs Bundespräsident Dr. Rudolf Kirchschläger begrüßte den Heiligen Vater mit folgenden Worten:

Ort: Flughafen Wien-Schwechat
Zeit: 10. September, 14.45 Uhr
Teilnehmer: 500 geladene Besucher aus den umliegenden Dekanaten

Nach 201 Jahren ist heute durch Eure Heiligkeit zum erstenmal wieder das Oberhaupt der katholischen Kirche, das für uns Katholiken auch der Stellvertreter Christi auf Erden ist, nach Österreich gekommen.

In großer Freude entbiete ich Eurer Heiligkeit namens der Republik Österreich einen aufrichtigen und respektvollen Willkommensgruß. Ich danke dafür, daß Eure Heiligkeit mit diesem Pastoralbesuch der Bitte der österreichischen Bischöfe und meiner im Einvernehmen mit der österreichischen Bundesregierung ausgesprochenen Einladung nachkommen.

Eure Heiligkeit haben in bewegender Demut beim Betreten österreichischen Bodens die Erde geküßt. Dieser österreichische Boden ist über lange Abschnitte seiner Geschichte eine mit Blut getränkte Erde gewesen. Die Kämpfe vor 300 Jahren um Wien, die mit ihrem Wendepunkt am 12. September das Ende der damaligen Türkennot brachten, sind nur ein Teil allzu vieler kriegerischer Auseinandersetzungen mit all deren Nöten, Leiden und Sterben.

Lassen Sie mich, Eure Heiligkeit, diesen Kuß österreichischen Bodens als einen Friedensgruß für ganz Österreich dankbar annehmen und versprechen, daß, wer in Österreich politische Verantwortung trägt, sich bemühen wird, dem Frieden im eigenen Land und dem Frieden in der Welt zu dienen. Ich meine damit jenen Frieden in Freiheit, Gerechtigkeit und Liebe, für den Eure Heiligkeit Mahner, Beter und Opfernder sind.

Möge der Besuch Eurer Heiligkeit in Österreich vom Segen des Herrn begleitet sein und viele Früchte des Glaubens, der Hoffnung und der Liebe bringen.

Johannes Paul II. richtete sodann folgendes Grußwort an die versammelten Repräsentanten von Staat und Kirche Österreichs:

1. Mit Freude und Ergriffenheit betrete ich heute österreichischen Boden. Von Herzen grüße ich alle hohen Persönlichkeiten und Gäste, die mich hier durch ihre Anwesenheit beehren. Zugleich grüße ich alle Bürger dieses schönen Landes, das mir aus früheren Tagen schon weitgehend bekannt und vertraut ist.

Aufrichtig danke ich Ihnen, sehr verehrter Herr Bundespräsident, für die herzlichen Willkommensworte, die Sie in so freundlicher Weise an mich gerichtet haben. Ebenso danke ich Ihnen und der Österreichischen Bischofskonferenz für die ehrenvolle Einladung zu diesem Besuch. Er soll allen Menschen, allen Diözesen und Gemeinden Österreichs gelten, obwohl sich das Programm meiner Reise auf Wien und Mariazell beschränkt. Meine Teilnahme am Österreichischen Katholikentag, den ich durch Gottes gütige Fügung zusammen mit vielen Glaubensbrüdern und -schwestern aus allen Teilen des Landes feiern kann, gibt diesem Besuch seinen besonderen Charakter.

„Österreich, dessen Volk sich in so starker Mehrheit zum christlichen Glauben bekennt und das sich als Staat zur aktiven Neutralität verpflichtet hat, ist nicht nur Träger einer großen geschichtlichen Tradition, sondern hat auch in der Gegenwart und Zukunft Europa und der Welt viel zu geben."

2. Mein Pastoralbesuch anläßlich des Katholikentages soll mit besonderer Deutlichkeit zeigen, wie sehr ich mich eins weiß mit den Glaubenden und Betenden, die in der problembelasteten Welt von heute Hoffnung leben und Hoffnung geben wollen. Es geht hierbei um das gleiche zentrale Anliegen, auf das auch die Feier des Jubiläumsjahres der Erlösung ausgerichtet ist. Es geht um jene alle menschliche Resignation und Ausweglosigkeit überwindende christliche Hoffnung, die aus einem erlösten Herzen kommt und im Kreuze Jesu Christi ihren unversiegbaren Quellgrund hat.

Österreich, dessen Volk sich in so starker Mehrheit zum christlichen Glauben bekennt und das sich als Staat zur aktiven Neutralität verpflichtet hat, ist nicht nur Träger einer großen geschichtlichen Tradition, sondern hat auch in der Gegenwart und Zukunft Europa und der Welt viel zu geben. „Liegst dem Erdteil du inmitten, einem starken Herzen gleich", heißt es so trefflich in Ihrer Bundeshymne. Mit den Bürgern Österreichs hoffe und bete ich, daß dieses Herz immer gesund und voller Hoffnung schlagen möge. Es ist mein inniger Wunsch, daß von der intensiven Vorbereitung und der Feier des Katholikentages nachhaltige Impulse für eine christliche Neubesinnung in Kirche und Gesellschaft ausgehen und sich für das Gemeinwohl fruchtbar auswirken werden.

„Allen Menschen in diesem Lande rufe ich aus ganzem Herzen zu: Gott segne und beschütze Euer geliebtes Österreich."

3. Es scheint ein glücklicher Rahmen für meinen Pastoralbesuch in Österreich zu sein, daß dieser mit einer Europavesper beginnt, die im Zeichen des Kreuzes und des Magnificats steht, und daß er enden wird im Heiligtum der „Magna Mater Austriae". Christus, dem Gekreuzigten, in dem allein Hoffnung auf Heil ist, und seiner Mutter, die unser aller Mutter ist, empfehle ich die kommenden Tage meiner Begegnung mit dem Volk und der Kirche Österreichs; ebenso unser gemeinsames Gedenken an die historische Entscheidung vom Jahre 1683, das weder von bloßer Erinnerung noch gar von Triumphalismus bestimmt sein soll. Es sei uns vielmehr Auftrag und Verpflichtung, aus der Geschichte Lehren zu ziehen und sie im Geist unseres Glaubens für eine hoffnungsfrohe gemeinsame Zukunft der Menschheit zu verwirklichen.

So verbindet sich mein Dank Ihnen gegenüber, sehr verehrter Herr Bundespräsident, und an Sie, lieber Herr Kardinal, mit meiner Freude, in Ihrem Land zu sein, und mit der Vorfreude auf die kommenden Tage unserer Gemeinschaft in Glauben, Hoffen und Gebet. Allen Menschen in diesem Lande rufe ich aus ganzem Herzen zu: Gott segne und beschütze Euer geliebtes Österreich!

Europavesper

„Im Kreuz ist Hoffnung"

Der Verbreitung der Frohen Botschaft verdankt Europa spirituelle Kraft und Zusammengehörigkeit. Die Entfaltung christlich geprägter humaner Werte und reicher Kulturen hat die Geschichte unseres Kontinents erhellt. Sie wurde verdunkelt von Aggression und Selbstzerstörung, Spaltung, Verfolgung, Vertreibung, Vernichtung. Europäer haben Europäern, Christen haben Christen, Völker und Nationen haben anderen Völkern und Nationen das Leben und die Geschichte zu einem Leidensweg gemacht. Kreuz und Auferstehung Christi geben indessen Hoffnung auf Überwindung von Schuld und Untergang.

Österreich war im Rahmen des Katholikentages '83 Ort zur Besinnung: mitten in Europa, mit christlich durchtränkter Kultur, mit dem Westen und Osten, dem Norden und Süden des Kontinents geistig verbunden, einst weiträumig, dann klein, zeitweilig von der Landkarte gelöscht, historisch geprüft und mit Gottes Hilfe geläutert. Die Europavesper sollte mithelfen, durch Geist, Gebet und entschlossene Brüderlichkeit Schranken und Grenzen zu überwinden.

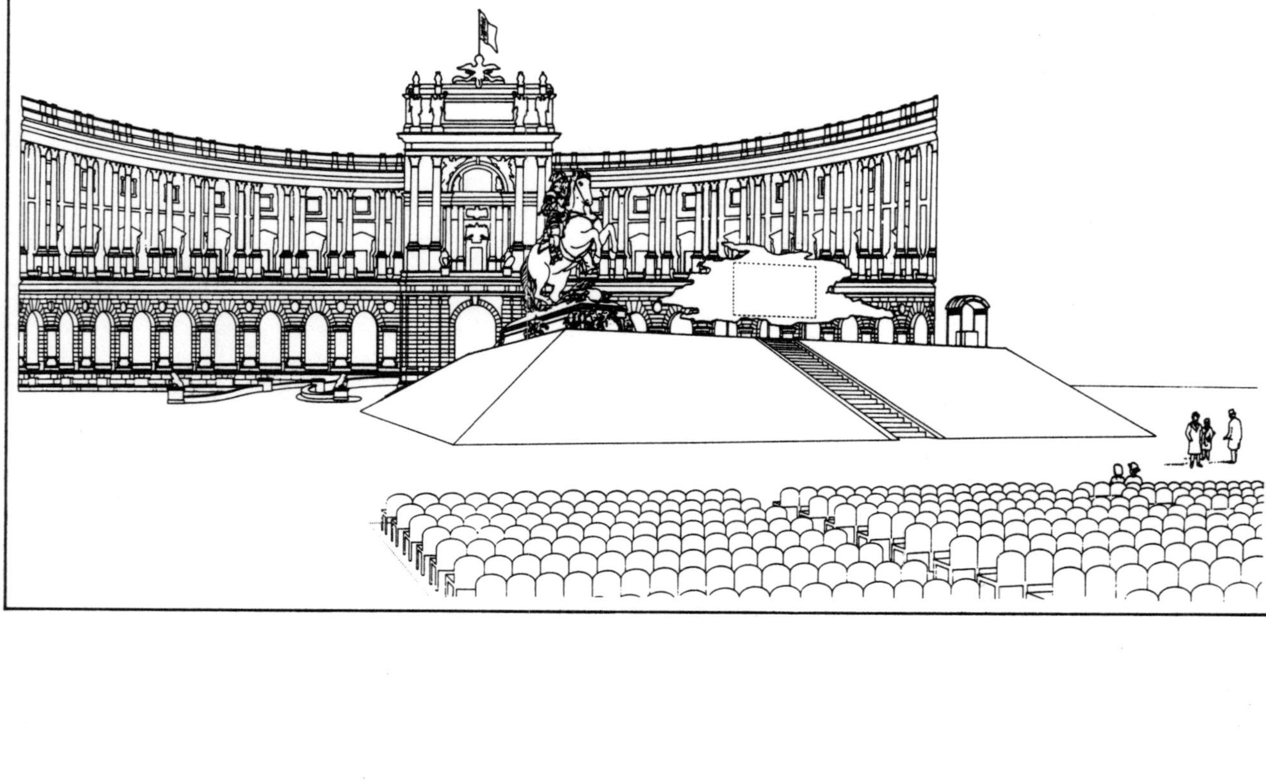

Direkt vom Flughafen erreichte der Papst – auf der Fahrt von Zehntausenden Menschen umjubelt – den Ort des Geschehens, den historisch bedeutsamen Heldenplatz. In seiner Begrüßungsansprache führte der Vorsitzende der Österreichischen Bischofskonferenz und Erzbischof von Wien, Kardinal Dr. Franz König, aus:

Ort: Wiener Heldenplatz
Zeit: 10. September, 16 Uhr
Teilnehmer: 130.000

Als Sprecher der hier auf dem Heldenplatz versammelten Katholiken, Christen und als Vertreter der österreichischen Bischöfe gebe ich unser aller großen Freude Ausdruck, Ihnen, Heiliger Vater, nach Ihrer Ankunft in Wien und Österreich den ersten offiziellen Gruß – ein herzliches Grüß Gott – entbieten zu können. Mit großer Spannung haben wir diesem Tag entgegengesehen. Nach fast zwei Jahren intensiver Vorbereitung erreichen wir jetzt den Höhepunkt. Die Spannung löst sich, eine große Freude und Begeisterung schlägt Ihnen entgegen.

Hier auf dem Heldenplatz mit dem Denkmal des Prinzen Eugen wird uns die geschichtliche Dimension dieser Stunde bewußt. Der Turm von St. Stephan ist stummer Zeuge eines Ereignisses, das die Grenzen unserer Heimat europaweit überschreitet. Hier gegenüber liegt die alte Hofburg, wo vor rund 200 Jahren Ihr Vorgänger, Pius VI., Aufenthalt nahm, um durch seine Begegnung mit dem Kaiser persönlich in die Auseinandersetzungen zwischen Kirche und Staat von damals einzugreifen.

Über dem Ballhausplatz und der Ringstraße liegt fast in Sichtweite das Denkmal der Kaiserin Maria Theresia, der Regentin vieler Völker, von wo unser Blick hinaufgeht zum Kahlenberg und zum Leopoldsberg. Dort, wo Ihre Landsleute, Heiliger Vater, mit König Sobieski einer bedrängten Stadt, einem bedrängten Land und einem bedrängten Europa zu Hilfe kamen, um im Verein mit anderen Nationen den politischen und religiösen Konflikt von historischer Reichweite zugunsten Österreichs und grundsätzlich Europas zu entscheiden.

Daten, Zahlen, Details:
Von der Kath. Männerbewegung Oberösterreich waren für die Veranstaltung 300 Ordner organisiert worden. Die Nacht zuvor hatten Obdachlose, Strafentlassene und jugendliche Arbeitslose der „Arbeitsgemeinschaft für Nichtseßhaftenhilfe" die sogenannten „Katholikentagsstokkerl" aufgebaut.
Für die musikalische Umrahmung der Europavesper sorgten die Wiener Sängerknaben, der Laibacher Domchor, der Chor St. Barbara und das Jugendblasorchester der Josef-Matthias-Hauer-Musikschule aus Wr. Neustadt.
Die 27 × 10 m große, 5,50 m hohe Podiumsbühne für die Europavesper war von Architekt Professor Gustav Peichl gestaltet worden.

In unserem kleinen Land, an der Trennungslinie zweier Welten, mit dem Donaustrom, der von Westen nach Osten verbindet, kann man, muß man von Europa sprechen. Die christlichen, das heißt europäischen Fundamente wurden auch in unserem Land von christlichen Missionaren, von Märtyrern aus der Zeit des zu Ende gehenden Römerreiches gelegt.

Ich denke an den heiligen Severin, an den Blutzeugen Florian. Die Kirche von Lauriacum an der Enns zwischen Nieder- und Oberösterreich ruht auf römischen Resten einer altchristlichen Basilika. Auf solchem christlichen und völkerverbindenden Fundament ruht auch unser Land. Irische Mönche, schottische Missionare kamen aus dem christlichen Westen nach dem Osten hierher. Die Slawenapostel Method und Cyrillus erreichten mit ihrer Christianisierung den Umkreis von Wien.

Die geschichtliche und geographische Offenheit unseres Landes zwischen West und Ost will uns in dieser Stunde noch einmal sagen: Wir sind noch immer ein Land, wo man von Europa sprechen kann, sprechen soll.

Das gilt auch für das Jahr 1683. Damals fiel eine europäische Entscheidung für den geschichtlichen Weg der Kirche Christi. Politische und religiöse Interessen der Reformation und Gegenreformation waren noch miteinander verquickt, haben sich zum Teil überschnitten und verwirrten in manchen Gebieten die religiösen Fronten.

Etwas anderes ist es, das Türkenjahr aus der Sicht unserer Zeit zu sehen. Der zeitliche Abstand zu den Ereignissen von damals hat einen tiefen Wandel des christlichen Bewußtseins deutlich gemacht. Dieser Wandel reicht weit hinein in das Verhältnis von Religion, Staat und Krieg. Mit dem Ende der zeitbedingten Verstrikkungen von damals, mit dem Auslöschen historisch erklärbarer Unversöhnlichkeiten öffnete sich der Weg wieder für den ursprünglichen Auftrag des Christentums: daß der christliche Glaube eine Kraft der Versöhnung und des Friedens sein kann und sein soll, ein Zeichen Gottes unter den Menschen.

Der Blick auf das Jahr 1683 kann so eine neue Besinnung, eine neue Orientierung auf morgen vorbereiten.

Auf diesem Platz, der schicksalshafte Ereignisse unseres Landes miterlebt hat, wird das Zeichen des Kreuzes von dem hohen Gast aus Rom errichtet werden, um die historische Bedeutung dieser Stunde mit diesem Platz unauslöschlich zu verbinden. Das Kreuz ist unsere Hoffnung als Zeichen der Erlösung und Versöhnung. Unserem Land, unserer Heimat ist das Kreuz als Zeichen des Leides ohne Versöhnung aufgeladen worden bis zum Auslöschen seiner geschichtlichen Existenz. In dieser Stunde müssen wir aber auch bekennen, daß wir in unseren Vorfahren das Kreuz in schmerzlicher Weise anderen aufgeladen haben: in der Zeit der Gegenreformation, der Protestantenvertreibung, vor allem das schwere Kreuz der Judenverfolgung. Nach schmerzlicher Abirrung führen heute das Gespräch und der Dialog zurück zum Kreuz als Zeichen der Erlösung und Versöhnung für uns alle.

Heiliger Vater: Heute grüßt Sie hier in diesem Land eine große Gemeinschaft der Glaubenden, die in diesen Tagen aufschaut zum Kreuz, einem Zeichen des Heiles, der Hoffnung und der Zuversicht.

Es grüßt Sie ein Land, dessen Tore den Flüchtlingen aus nah und fern offenstehen.

Es grüßt Sie ein Land, geöffnet dem ökumenischen Dialog.

In Verehrung und herzlicher Freude grüßt die katholische Kirche, mit ihr alle Christen und alle Menschen guten Willens Johannes Paul II. als Pilger und Boten des Friedens in einer zerrissenen, friedlosen Welt.

Es grüßt aber auch ein Land, das mit vielen Schwierigkeiten zu ringen hat, wie es sich aus der Konfrontation der Botschaft Christi mit der säkularisierten Umwelt europaweit ergibt. Eine Freude ist es anderseits, auf die Zeichen religiöser Erneuerung durch missionarisch gesinntes Laienapostolat hinweisen zu können, nicht zuletzt auch in der jungen Generation.

Wir sind voll Vertrauen und Zuversicht, daß durch Ihren Besuch, durch Ihr Wort und Beispiel alle Bereiche religiöser Erneuerung unseres Landes erfaßt werden. Mit Ihnen, Heiliger Vater, „haben wir unsere Hoffnung auf den lebendigen Gott gesetzt, den Retter aller Menschen", besonders der an Christus glaubenden (vgl. 1 Tim 4, 10).

So sollen diese Tage christlicher Hoffnung ein weithin sichtbares Zeichen sein des Trostes und der Zuversicht.

Bergpredigt

Wie ein Brennspiegel sammelt die Bergpredigt das Licht des Evangeliums. Es ist auf Europa gefallen und hat Leben geweckt. Im Licht dieser Botschaft werden die Menschen und Völker gerichtet. Als „Botschafter der Frohen Botschaft" sprachen Kardinäle aus dem Westen und Osten, dem Norden und Süden Europas.

Zu Lk 6, 20–23 erklärte der Erzbischof von Paris, Kardinal Jean Marie Lustiger:

Lk 6, 20–23
Selig, ihr Armen, denn euch gehört das Reich Gottes.
Selig, die ihr jetzt hungert, denn ihr werdet satt werden.
Selig, die ihr jetzt weint, denn ihr werdet lachen.
Selig seid ihr, wenn euch die Menschen hassen und aus ihrer Gemeinschaft ausschließen, wenn sie euch beschimpfen und euch in Verruf bringen um des Menschensohnes willen.
Freut euch und jauchzt an jenem Tag: euer Lohn im Himmel wird groß sein. Denn ebenso haben es ihre Väter mit den Propheten gemacht.

Danke, daß Sie mich als Botschafter der Seligpreisungen ausgewählt haben. Jetzt will ich hier der Sprecher der Armen, der Weinenden, der Hungernden, der Märtyrer sein. Ihre Leben und Schmerzen sind über den Boden Europas ausgestreut worden. Jetzt sind sie in Gott verborgen wie Saatkörner in der Erde, um aufzugehen und Früchte zu tragen.

Wenn wir diese Geschichte Europas betrachten, dann glauben wir, vor allem Blut und Schmerzen, Treulosigkeit und Lüge zu sehen. Nur das kann der Mensch erkennen, wenn er nüchtern sich selbst betrachtet wie in einem Spiegel. Was verborgen bleibt, kann nur der Vater im Himmel sehen. Und das enthüllt uns das Wort Christi.

Wem gehört das Reich Gottes? Den Armen, die mit Christus allem entsagt haben. Diese Armen kennt nur Christus, weil sie wie er geworden sind. Sie können die Reichen dieser Welt retten, weil sie in unserer Geschichte die Gestalt Christi sind, der am Jüngsten Tag sagen wird: Ich war hungrig, und ihr habt mir zu essen gegeben.

Wo ist Christus in unseren so reichen Ländern anwesend? In seinen den Menschen unbekannten Brüdern und Schwestern, die Hunger nach der Gerechtigkeit Gottes selbst haben. Diese Hungernden hindern uns daran, an unseren Reichtümern zu ersticken. Selig, weil sie mit Christus gefastet haben. Sie sind satt geworden, weil sie den Willen des Herrn getan haben.

Welche Tränen werden in den Jahrhunderten unserer Geschichte getrocknet? Nur das göttliche Mitleid kann die unermeßliche Tiefe unseres Leidens ergründen. Aber Männer und Frauen, Greise und Kinder haben mit Christus geweint vor dem Ärgernis des verlorenen Menschen. Und sie haben in der Geschichte die Freude widergespiegelt. Jetzt lachen sie, denn sie haben ihr Leben angeboten. Und sie sehen in den Augen des Retters die geretteten und bis zum Ende geliebten Brüder. Jetzt lachen sie, weil sie die Versöhnung Christi verteilen, wie man das Brot des Lebens verteilt.

Und wo sind die wahren Propheten, die um Christi willen ausgelacht worden sind? Sie wurden aus der Gesellschaft verstoßen. In ihrer Einsamkeit Gottes Wort treu, sind sie deshalb oft als einzige dem Menschen treu. Als Zeugen sind sie wie Christus der treue Zeuge in der Verlassenheit bis zum Blut treu geblieben. Als Verfolgte sind sie unsere Schande. Als Geopferte sind sie unsere Erlösung. Sie sind unsere Ehre. Und Christus fordert diese Märtyrer, Gott bekannt, den Menschen vielleicht unbekannt, auf, sich zu freuen und zu jauchzen. Denn ihr Lohn im Himmel wird groß sein. Heute auf der Erde sind sie unser Lohn und deshalb unsere Freude.

Es ist heute unsere Pflicht, an diesem zentralen Orte der europäischen Geschichte diese unzähligen anonymen Seligen aus West und Ost, aus Nord und Süd zu preisen, deren Leben wir unser Leben verdanken. Sie haben alle diese verschiedenen Völker und Nationen, so oft durch Haß, Krieg und Mord entzweit, in einer brüderlichen Solidarität zusammengehalten. In ihren verschwundenen und flüchtigen Gesichtern können wir das wirkliche Gesicht Europas erkennen.

Als Christus diese Seligkeiten pries, richtete er, sagt Lukas, seine Augen auf seine Jünger. Auf Sie, meine Freunde, auf uns, meine Brüder! Selig seid ihr: da öffnet sich unsere Zukunft!

Wort des Erzbischofs von Krakau, Kardinal Frantiszek Macharski, zu Mt 5, 13

Liebe Brüder und Schwestern,

ein Bischof aus einem nahen Land kommt in das Land, das ihm sehr nahe liegt, um ein Zeugnis abzulegen von der Macht des Evangeliums Christi auf polnischer Erde.

Mt 5, 13
Ihr seid das Salz der Erde. Wenn das Salz seinen Geschmack verliert, womit kann man es wieder salzig machen? Es taugt zu nichts mehr; es wird weggeworfen und von den Leuten zertreten.

1. Möge mir der Heilige Vater gestatten, der hier unter uns und für uns anwesend ist, daß ich ein Zeugnis ablege mit den gleichen Worten, mit denen er seine und unsere Überzeugung vor drei Jahren in der UNESCO in Paris ausgesprochen hat; eines Volkes, dessen Nachbarn es mehrmals zum Tode verurteilt hatten – das Volk aber immer wieder am Leben blieb und stets seine Selbstachtung behielt. Das Volk hat nie seine Identität verloren, auch nicht während der Teilungen und der Besatzung; es bewahrte immer seine Unabhängigkeit als Volk – nicht auf Grund anderer Mittel der physischen Macht, sondern nur auf Grund seiner eigenen Kultur, die in diesen Fällen sich stärker als alle anderen Mächte erwiesen hat.

2. Dieses Zeugnis habe ich vor Ihnen wiederholt, denn einige Erfahrungen berühren das, was für uns gemeinsam ist.

   Um nämlich die Erde zu verteidigen, muß vor Vernichtung das gerettet werden – Erde kann keine Erde sein, wenn Salz kein Salz mehr ist . . . Um also die Menschenwelt unserer Länder, der Länder Europas, die wir zu retten haben, muß der Mensch gerettet werden.

   Diese Erde kann nicht vor barbarischer Vernichtung durch Denkmäler des Christentums und der Menschheit, durch Museen und Andenken des Glaubens und der Kultur beschützt werden. Es muß Leben sein – ein christliches Leben – und dadurch ein mehr menschliches. Denn viel wichtiger ist, wer der Mensch und was für ein Mensch er ist, als all das, was er geschaffen hat und besitzt.

3. Es darf also nicht verwittern, all das was von unserer Menschheit zeugt. Möge der Mensch Mensch sein und immer Mensch sein. Möge er sich verteidigen

können vor der Versuchung, Leben, Liebe, Gerechtigkeit, Wahrheit und Selbstbestimmung auszuverkaufen . . .

Möge er sich verteidigen können vor sämtlichen Manipulationen von außen und auch den nicht weniger gefährlichen Selbstmanipulationen . . .

Möge er sein Christentum gegen scheinreligiöse Ersatzmittel nicht umtauschen – möge er seine Überzeugung vom Sinn des Lebens verteidigen, dem Sinn, der der ,,Geschmack" aller Dinge ist. Möge er zu Christus zurückkehren, zu Christus – der Wurzel (Offb 22, 16), möge er Christus nicht weniger treu bleiben, als die Generationen vor uns es waren, die er so kritisch beurteilt.

4. Liebe Brüder und Schwestern, ich hatte Ihnen ein Licht mitgebracht, das im ehemaligen Konzentrationslager Auschwitz angezündet wurde. Jetzt bringe ich Ihnen – und überreiche sie dem Erzbischof von Wien – eine Handvoll Asche aus den Krematorien – die Asche der Opfer eines sinnlosen Hasses. Das Licht aus der Todeszelle des heiligen Maximilian Maria Kolbe – das Licht der Welt . . . und das Salz der Erde – des Menschen, der überzeugt war, daß Christus die wahre Liebe ist und daß der Mensch aus Liebe leben kann. Das Salz der Weisheit – das Salz der Liebe.

5. Meine schwachen Worte bringen Ihnen, Brüder und Schwestern, Christus: Christus, unsere Hoffnung, Christus, der nur allein unsere Hoffnung retten kann.

Wort des Bischofs von Berlin, Kardinal Joachim Meisner, zur Bibelstelle Mt 5, 43–45:

Mt 5, 43–45
Ihr habt gehört, daß gesagt worden ist: Du sollst deinen Nächsten lieben und deinen Feind hassen. Ich aber sage euch: Liebt eure Feinde und betet für die, die euch verfolgen, damit ihr Söhne eures Vaters im Himmel werdet; denn er läßt seine Sonne aufgehen über Bösen und Guten, und er läßt regnen über Gerechte und Ungerechte.

Liebe Brüder, liebe Schwestern!

In unserem Weltbild begegnet der Mensch eigentlich immer nur sich selbst. Die Entwicklung hat es mit sich gebracht, daß der Mensch nur noch auf sich selbst und die von ihm selber geprägten und geformten Probleme stößt. Er weiß nicht mehr, was es ist, auf eine Stimme zu hören, die nicht aus seinem eigenen Herzen und Hirn kommt. Darum wird er mit seinen Problemen nicht mehr fertig. Gespaltene Völker, gespaltene Städte, eine gespaltene Welt und eine gespaltene Kirche sind der leidvolle Ausdruck dieses Weltbildes. Von deutschen Landen ging die abendländische Glaubensspaltung aus. In deutschen Landen sind andere Spaltungen schmerzlich spürbar.

Die Isolierung des Menschen auf sich selbst ist so weit fortgeschritten, daß er unsicher ist, ob es überhaupt Stimmen gibt, die ihn von außen anreden können. Die Bergpredigt aber ist eine solche Anrede, die den Menschen aus einer anderen Sphäre, aus der Welt Gottes, trifft, weil ihm hier etwas gesagt wird, das nicht genauso gut von ihm selbst hätte erdacht und gesagt werden können. Darum gibt sie den Weg aus den Sackgassen und Irrwegen der Welt an. Die Abkoppelung des Menschen von Gott trennt ihn von der schöpferischen und erneuernden Kraft des Heiligen Geistes und wirft ihn auf die eigene Kleingeisterei zurück. Der Mensch gerät dann in ein reaktionäres Verhaltensschema. Auf jede Aktion folgt die entsprechende Reaktion. Der Mensch besitzt die Eigenschaft, andere nachzuäffen. Das hört sich im Alltag dann so an: Du redest nicht mit mir, dann rede ich auch nicht mit dir! Du grüßt mich nicht mehr, also grüße ich dich auch nicht mehr! Du hast mich verraten, also verrate ich dich auch! Wie du mir, so ich dir! Wie man in den Wald hineinruft, so schallt es heraus! Wir haben uns einkerkern lassen in das Schema von Aktion und Reaktion. Hier gibt es keine Hoffnung mehr.

Gott hat sich nicht in diesen Käfig sperren lassen. Er reagierte auf die Abwendung des Menschen nicht mit seinem Rückzug von der Welt in den Himmel. Er ist trotz allem als erster auf den Menschen zugegangen.

In der Bergpredigt bewegt er den Menschen zum Ausbruch aus seinem Käfig: Du sprichst zwar nicht mehr mit mir, aber ich werde trotzdem das Gespräch mit dir nicht abreißen lassen! Du grüßt mich nicht mehr, aber ich werde dir meinen Gruß nicht versagen. Hier entsteht plötzlich etwas Neues. Der Kerker von Aktion und

Der Papst bei der Begrüßung zwischen den höchsten Repräsentanten von Staat und Kirche in Österreich.

,,Im Kreuz ist Hoffnung.'' Der Heilige Vater selbst half mit, ein großes Bronzekreuz aufzurichten. Es wird künftige Generationen an die Begegnung mit ihm erinnern.

Unter dem Reiterstandbild des Prinzen Eugen auf dem Heldenplatz wandte sich der Papst in seiner Botschaft an Österreich und Europa. Johannes Paul II. wörtlich: „Österreich, im Herzen Europas, hat eine besondere Aufgabe und eine besondere Verantwortung."

TOA

Jeder siebente Österreicher hat den Papst persönlich gesehen. Hunderttausende haben mit ihm gefeiert, gebetet, Eucharistie gehalten. 500 Millionen Menschen in aller Welt haben die Ereignisse via Fernsehen und Radio verfolgt.

Die Begeisterung der jungen Menschen kennt keine Grenzen – im wahrsten Sinne des Wortes. Durch eine dichte Hecke strecken sich dem Papst offene Hände entgegen.

Das Licht wird weitergereicht. Mit großer Konzentration übernimmt der Papst das Kerzenlicht.

Ost- und Westkirche begegnen einander. Der Papst begrüßt den Repräsentanten des Ökumenischen Patriarchats in Mitteleuropa, Metropolit Chrysostomus Tsiter. Im Hintergrund der Präsident des vatikanischen Einheitssekretariats, Kardinal Jan Willebrands.

Reaktion wird aufgebrochen. Auf eine Aktion folgt eine neue Aktion. Hier erfüllt sich das Gebet der Kirche zum Heiligen Geist: „Du wirst das Angesicht der Erde erneuern." Wie im Kleinen, so auch im Großen. Um Spaltungen in Kirche und Welt zu überwinden, gibt uns die Bergpredigt die Richtung an und die Mittel in die Hand, und dann lassen wir uns keine Feindbilder vor die Nase setzen. Wo der Heilige Geist Menschen mit dem Geist der Bergpredigt erfüllt, dort wird die Welt neu, dort lebt Hoffnung auf. Ihnen gilt nicht mehr das reaktionäre „Wie du mir, so ich dir", sondern das schöpferische „Wie Gott mir, so ich dir".

Abschließend sprach der Erzbischof von Agram, Kardinal Franjo Kuharić, zu Mt 7, 24–25 folgenden Text:

Mt 7, 24–25
Wer diese meine Worte hört und danach handelt, ist wie ein kluger Mann, der sein Haus auf Fels baute.
Als nun ein Wolkenbruch kam und die Wassermassen heranfluteten, als die Stürme tobten und an dem Haus rüttelten, da stürzte es nicht ein; denn es war auf Fels gebaut.

Wir haben das Schlußwort der Bergpredigt gehört. Das ist Gottes Wort und Gottes Weisheit, und nicht die Weisheit dieser Welt (vgl. 1 Kor 2, 6–7). Die Bergpredigt ist das vollkommene Gesetz des neuen Lebens. Das ist ein neuer Geist und ein neues Herz (vgl. Ez 36, 26) im neuen Menschen. Da ist die Grundlage der neuen Welt! Die Bergpredigt ist Wahrheit! Das Leben des Menschen, der Familie und jeder menschlichen Gemeinschaft soll auf Wahrheit gebaut werden. Die Wahrheit ist ein fester und sicherer Grund gleich dem Felsen, auf dem das Haus gebaut wird. Der Mensch kann ohne Wahrheit kein würdiges Leben verbringen. Er ist immer mit seinem inneren Wesen auf die Wahrheit angewiesen. Gott ist die absolute, lebendige, ewige Wahrheit. Gott hat die Wahrheit seines Lebens offenbart: die Wahrheit seiner ewigen Existenz und seines geistigen transzendenten Wesens und das Mysterium seiner Dreifaltigkeit.

Gott hat die Wahrheit über den Menschen offenbart. Der Mensch ist das Ebenbild Gottes. Der Mensch ist ein Wesen mit körperlicher und geistiger Dimension. Das Leben mit Gott ist sein Sinn. Das ewige Leben ist seine absolute Zukunft. Es ist Gottes Offenbarung, daß der Mensch eine unsterbliche Seele hat und daß die Auferstehung die endgültige Verklärung auch seiner Körperlichkeit bedeutet. Der Mensch überlegt in seiner geistigen Realität; er sucht die Wahrheit über Gott, über sich selbst, über alle Dinge vom Atom bis zur Galaxis, von der lebendigen Zelle bis zur geistigen Welt. Der Mensch ist mit Gewissen und Freiheit beschenkt. Er kann sich für das Gute, für Wahrheit, Liebe, Gerechtigkeit entscheiden! Er ist dann ein weiser Baumeister seines Lebens und seines Wesens! Er baut mit Gott! Er baut mit der Kraft des Heiligen Geistes. In ihm wird die Erlösung, die ihre Quellen im durchbohrten Herzen des Gottessohnes hat, verwirklicht. Die Zivilisation der Liebe kann ohne Herz-Jesu nicht verwirklicht werden. Ohne Kraft des Heiligen Geistes kann der neue Mensch nicht entstehen! Die Beziehungen der Gerechtigkeit, des Friedens und der Liebe in der Familie, im Volk und zwischen den Völkern, können nur auf Grund der Wahrheit bestehen! Der Wahrheit über Gott und der Wahrheit über den Menschen!

Europa kann alles Schöne, Gute und Dauerhafte in ihrer Zivilisation nur der Wahrheit des Evangeliums, auf dem es seine Zivilisation aufgebaut hat, verdanken. Im Gegenteil, als Europa auf diese Grundlage verzichtete, begann es auf Sand zu bauen und erlebte viele Ruinen!

„Denn einen anderen Grund vermag niemand zu legen als den, der gelegt ist, und das ist Jesus Christus" (1 Kor 3, 11). Auf diese Grundlage verweist die Kirche unaufhörlich; auch das heutige Europa, besonders durch das Zeugnis des Petrus unserer Tage: Johannes Pauls II.

Das Kreuz ist die höchste Offenbarung der Wahrheit und der Liebe. Deshalb ist im Kreuze, in der Erlösung, in der Wahrheit und Liebe unsere ganze Hoffnung. Unsere gläubige Berufung ist: diese Hoffnung geben, diese Hoffnung leben!

Möge die Heiligste Gottesmutter und Mutter der Kirche unserer Generation die Gabe des Heiligen Geistes erbitten, dies zu leben. Und wir erbitten auch diese Weisheit Gottes.

Kreuzfeier

Im Zeichen des Kreuzes hat Europa viel gelitten und erlebt. Im Zeichen des Kreuzes soll Europa Erlösung und Frieden finden. Ein Bronzekreuz soll deshalb auch als ständige Erinnerung auf dem Wiener Heldenplatz verbleiben. Die Wiener, die gerne über diesen Platz die Innenstadt erreichen, haben es bereits ins Herz geschlossen. Das von Architekt Professor Gustav Peichl gestaltete Kreuz ist innerhalb weniger Tage zu einem Ort des Gebetes und der Meditation geworden.

Der Papst selbst hat es am 10. September aufgerichtet und vor 130.000 Teilnehmern folgende Ansprache gehalten:

1. Der Friede sei mit Euch! Friede dieser Stadt! Diesem Land Österreich! Und allen seinen Nachbarn im Norden, Osten, Süden und Westen!

   Einen besonderen Gruß und Friedenswunsch Euch österreichischen Katholiken, die Ihr aus allen Diözesen, aus den Pfarrgemeinden, aus den vielen großen und kleinen Gemeinschaften zu diesem Katholikentag zusammengekommen seid. Friede allen, die von jenseits der Grenzen dieses Landes hierher gekommen sind oder durch Funk und Fernsehen an dieser feierlichen Vesper teilnehmen! Friede allen Christen, allen christlichen Kirchen! Friede auch allen Menschen, die den einen Gott verehren und ihm ihre Geschicke demütig anvertrauen!

   Diesen Friedensgruß entbiete ich Euch allen im Namen Jesu Christi, unter dessen Kreuz wir uns hier versammelt haben. Der wahre Frieden kommt aus dem geöffneten Herzen dessen, der – am Kreuz erhöht – alle an sich zieht. Seit heute ist sein Zeichen auf diesem großen und geschichtsträchtigen Platz Wiens aufgerichtet: als christliche Mahnung und Hoffnung, als Erinnerung an das Jahr des Heiles 1983, an das Jubiläumsjahr der Erlösung, an einen Katholikentag, der als Tag christlicher Hoffnung in die Geschichte dieses Landes eingehen soll. Unter dieses Kreuz stellen wir Österreich; unter dieses Kreuz stellen wir Europa. Denn „allein im Kreuz ist Hoffnung"! An ihm hat das Leben den Tod besiegt. Das Kreuz ist Zeichen der versöhnenden, Leid und Tod überwindenden Liebe Gottes zu uns Menschen, Verheißung der Brüderlichkeit aller Menschen und Völker, göttlicher Kraftquell für die beginnende Erneuerung der ganzen Schöpfung.

„Was dem europäischen Kontinent zur Einheit in der Vielfalt verholfen hat, war vor allem die Verbreitung des einen christlichen Glaubens. Die Wege der Missionare und der christlichen Pilger haben Länder und Völker Europas friedlich miteinander verbunden, wofür wiederum Österreich ein kennzeichnendes Beispiel ist."

2. Die heutige Europafeier anläßlich des Österreichischen Katholikentages lenkt unseren Blick über alle natürlichen, nationalen und willkürlichen Grenzen hinweg auf ganz Europa, auf alle Völker dieses Kontinents mit ihrer gemeinsamen Geschichte, vom Atlantik zum Ural, von der Nordsee bis zum Mittelmeer. Österreich – selbst im Herzen Europas gelegen – hat in besonderer Weise dessen Geschicke geteilt und entscheidend mitgeprägt. Es zeigt exemplarisch, wie eine Vielzahl von Volksstämmen auf begrenztem Raum spannungsreich und schöpferisch zusammenleben und in der Vielfalt eine Einheit schaffen kann: auf dem Territorium des heutigen kleinen Österreich sind die Wesenszüge von Kelten und Romanen, von Germanen und Slawen tief eingegraben und in der Bevölkerung lebendig. Hierin ist Österreich ein Spiegel und Modell Europas.

   Was dem europäischen Kontinent zur Einheit in der Vielfalt verholfen hat, war vor allem die Verbreitung des einen christlichen Glaubens. Die Wege der Missionare und der christlichen Pilger haben Länder und Völker Europas friedlich miteinander verbunden – wofür wiederum Österreich ein kennzeichnendes Beispiel ist. An der Evangelisierung Eures Landes hat der hl. Severin, ein Römer – Ihr habt vor kurzem sein Jubiläum gefeiert –, ebenso mitgewirkt wie Glaubensboten aus anderen europäischen Ländern. Euer Land hat aber nicht nur missionarische Hilfe empfangen, sondern diese auch anderen Völkern vielfach gewährt. Als Beispiel unter vielen sei aus aktuellem Anlaß die Gründerin der Grauen Ursulinen genannt, Schwester Maria Julia Ledochowska. In Loosdorf bei Melk geboren, hat sie so segensreich in Polen gewirkt, daß sie im Juni dieses Jahres während meiner Reise in die polnische Heimat seliggesprochen werden konnte.

„Ich selbst, Pole und Römer, bin glücklich, in diesen Tagen als Pilger nach Mariazell zu kommen."

   Zu den einheitstiftenden Wegen der Glaubensboten kommen die Wege der Pilger. Wallfahrten nach Rom zum Grab des hl. Petrus, nach Santiago de Compostela auf den Spuren des hl. Jakobus, zu den Wirkungs- und Grabstätten anderer Heiliger und zu den großen Marienheiligtümern haben nicht nur europaweit das fromme Andenken an die Mutter des Herrn, an die Apostel und Heiligen gepflegt, sondern auch das gegenseitige Verständnis der so verschiedenen Völker und Nationen gefördert. Dadurch haben sie auch mitgeholfen, Europas Identität zu prägen. Gerade auch nach Mariazell, in Eurem Land, wallfahrten seit Jahrhunderten Christen aus ganz Europa, nicht zuletzt aus slawischen Ländern. Ich selbst, Pole und Römer, bin glücklich, in diesen Tagen als Pilger nach Mariazell zu kommen.

„Die – trotz aller Krisen und Spaltungen fortbestehende – kulturelle Gemeinsamkeit des europäischen Kontinents ist ohne den Inhalt der christlichen Botschaft nicht zu verstehen."

Die – trotz aller Krisen und Spaltungen fortbestehende – kulturelle Gemeinsamkeit des europäischen Kontinents ist ohne den Inhalt der christlichen Botschaft nicht zu verstehen. Diese – mit antikem Geist großartig verschmolzen – bildet ein gemeinsames Erbe, dem Europa seinen Reichtum und seine Kraft verdankt, das blühende Gedeihen von Kunst und Wissenschaft, Bildung und Forschung, Philosophie und Geisteskultur. Innerhalb des christlichen Glaubensgutes hat in ganz besonderer Weise das christliche Menschenbild die europäische Kultur mitgeprägt. Die Überzeugung von der Gottebenbildlichkeit des Menschen und von seiner Erlösung durch Jesus Christus, den Menschensohn, hat der Wertschätzung und Würde der menschlichen Person, der Achtung ihres Anspruchs auf freie Entfaltung in mitmenschlicher Solidarität ein heilsgeschichtliches Fundament gegeben. So war es auch folgerichtig, daß die Formulierung und Verkündigung der allgemeinen Menschenrechte vom Abendland ausgegangen ist.

Dieses vom Christusglauben geeinte und geprägte Europa stellen wir erneut unter das Kreuz; denn „im Kreuz ist Hoffnung".

3. Niemand kann sich der Tatsache verschließen – und wer wäre davon nicht zutiefst betroffen –, daß die gemeinsame Geschichte Europas nicht nur leuchtende, sondern auch dunkle, schreckliche Züge trägt, die mit dem Geist der Menschlichkeit und der Frohen Botschaft Jesu Christi unvereinbar sind. Immer wieder haben Staaten und Parteien haßerfüllt und grausam gegeneinander Krieg geführt. Immer wieder wurde Menschen ihre Heimat genommen; sie wurden vertrieben oder sahen sich angesichts von Not, Diskriminierung und Verfolgung zur Flucht veranlaßt. Millionen von Menschen wurden auf Grund ihrer Rasse, ihrer Nation, ihrer Überzeugung oder einfach, weil sie anderen im Wege waren, ermordet. Es ist bedrückend, daß zu jenen, die ihre Mitmenschen bedrängten und verfolgten, auch gläubige Christen gehörten. Wenn wir uns zu Recht unseres Herrn Jesus Christus und seiner Botschaft rühmen dürfen, so müssen wir andererseits bekennen und dafür um Vergebung bitten, daß wir Christen Schuld auf uns geladen haben – in Gedanken, Worten und Werken und durch tatenloses Gewährenlassen des Unrechts.

„Es ist bedrückend, daß zu jenen, die ihre Mitmenschen bedrängten und verfolgten, auch gläubige Christen gehörten. Wenn wir uns zu Recht unseres Herrn Jesus Christus und seiner Botschaft rühmen dürfen, so müssen wir andererseits bekennen und dafür um Vergebung bitten, daß wir Christen Schuld auf uns geladen haben."

Doch nicht nur im staatlichen und politischen Leben ist Europas Geschichte von Zwietracht gezeichnet. Auch durch die eine Kirche Jesu Christi haben Glaubensspaltungen Grenzen und Gräben gezogen. Im Verein mit politischen Interessen und sozialen Problemen kam es zu erbitterten Kämpfen, zu Unterdrückung und Vertreibung Andersgläubiger und zu Gewissenszwang. Als Erben unserer Väter tragen wir auch dieses schuldbeladene Europa unter das Kreuz. Denn in ihm ist Hoffnung.

4. Das Österreich von heute – leider nicht ganz Europa! – ist frei von fremder Herrschaft und kriegerischer Gewalt, frei von unmittelbarer äußerer Bedrohung, unbelastet von haßerfüllten inneren Auseinandersetzungen. Welch denkwürdiger und freudiger Kontrast zu mancher früheren Epoche und besonders zum Jahre 1683. Dieses Jahr ist ein großes Datum nicht nur der österreichischen, sondern der europäischen Geschichte, wahrlich wert, daß wir uns seiner nachdenklich und dankbar erinnern.

Jedem von uns ist vertraut, wie vor dreihundert Jahren Truppen des osmanischen Reiches, wie schon 1529, bis vor diese Stadt gelangten und sie mit gewaltiger Übermacht belagerten. Der Zug der Armee war von Brandschatzung, Mord und Verschleppung gekennzeichnet; unsäglich waren die Not, der Jammer, das Elend, bewundernswert war die Tapferkeit der Verteidiger Wiens. Sie schöpften Kraft aus ihrem Glauben, aus dem Gebet, aus ihrer Überzeugung, nicht nur für ihr Land, sondern für Europa und für die Christenheit zu streiten. Dem Papst steht es wohl zu, daran zu erinnern, daß sein damaliger Vorgänger, der selige Innozenz XI., Österreich und seine Verbündeten mit Subventionen, mit diplo-

„Vor allem aber sind wir uns dessen bewußt, daß die Sprache der Waffen nicht die Sprache Jesu Christi ist."

matischer Hilfe und mit seinem Gebetsaufruf an die Christenheit wirksam unterstützt hat. Dem Papst aus Polen sei es auch gestattet, mit besonderer Bewegung davon zu sprechen, daß es der polnische König Jan Sobieski gewesen ist, unter dessen Oberbefehl die verbündeten Entsatztruppen Wien befreiten, zu einem Zeitpunkt, da sich die heldenhaften Verteidiger der Stadt nur noch mit letzter Kraft der Belagerung erwehren konnten.

„Österreich bemüht sich, wie in der Vergangenheit, auch heute seiner besonderen Verantwortung und Aufgabe im Herzen Europas zu entsprechen."

Es ist gerechtfertigt, mit Bewunderung der Verteidiger und Befreier Wiens zu gedenken, die in beispielhaftem Zusammenstehen dem Angriff Einhalt geboten. Uns sind die Aufrufe heiligmäßiger Prediger überliefert, welche die Menschen dieser Zeit nicht nur zu Tapferkeit, sondern vor allem zu christlicher Umkehr zu bewegen suchten. Die Geschichte gebietet uns, damaliges Geschehen aus dem Geist der damaligen Zeit zu verstehen und nicht einfach an unserer Gegenwart zu messen. Sie gebietet, einseitige Verurteilung und Verherrlichung zu vermeiden. Wir wissen, daß himmelschreiende Grausamkeiten nicht nur vom osmanischen Heer, sondern auch von der Armee des Kaisers und seiner Verbündeten begangen worden sind. Wir müssen, sosehr wir uns über den Verteidigungserfolg des christlichen Abendlandes freuen mögen, beschämt zur Kenntnis nehmen, daß die christliche Solidarität damals weder spontan noch europaweit war.

Vor allem aber sind wir uns dessen bewußt, daß die Sprache der Waffen nicht die Sprache Jesu Christi ist und nicht die Sprache seiner Mutter, die man damals wie heute als die „Hilfe der Christenheit" angerufen hat. Bewaffneter Kampf ist allenfalls ein unausweichliches Übel, dem sich auch Christen in tragischen Verwicklungen nicht entziehen können. Aber auch hierbei verpflichtet das christliche Gebot der Feindesliebe, der Barmherzigkeit: der für seine Henker am Kreuz gestorben ist, macht mir jeden Feind zum Bruder, dem meine Liebe gebührt, auch wenn ich mich seines Angriffs erwehre.

So sei dieses Jubiläum nicht die Feier eines kriegerischen Sieges, sondern eine Feier des uns heute geschenkten Friedens im dankbar bekundeten Kontrast zu einem Ereignis, das mit so viel Leid verbunden war. Und wir wollen uns der Freiheit würdig erweisen, die damals mit so großem Einsatz verteidigt worden ist.

5. Österreich bemüht sich, wie in der Vergangenheit, auch heute seiner besonderen Verantwortung und Aufgabe im Herzen Europas zu entsprechen. Euer Land setzt sich mit Nachdruck ein für Frieden und Völkerverständigung, für soziale Gerechtigkeit, für die Beachtung und Förderung der Menschenrechte auf nationaler und internationaler Ebene. Ihr selbst habt Tausende von Flüchtlingen und Hilfesuchenden aufgenommen; Gäste aus aller Herren Länder kommen in Euer Land und finden bei Euch freundliche Aufnahme und Erholung. Ihr habt nicht nur von hochherzigen Helfern in Zeiten der Not wirksame Unterstützung empfangen, sondern auch selbst die Nöte anderer Länder, darunter auch meiner polnischen Heimat, hilfsbereit gelindert. Das Bekenntnis zur europäischen Solidarität läßt Euch auch nicht die Augen vor der Not und Hilfsbedürftigkeit außereuropäischer Gebiete verschließen. Dankbar denke ich dabei an Eure großen Beiträge zur Entwicklungshilfe und an den persönlichen Einsatz so vieler Missionare, Schwestern und Entwicklungshelfer. Euer Land spielt – seiner besonderen Lage und seinem geschichtlichen Erbe entsprechend – vor allem eine wichtige Rolle für die Schaffung eines stabileren und humaneren Europas und für den Abbau internationaler Spannungen. Diese Bemühungen verdienen Anerkennung und Ermutigung. Sie rufen jedoch zugleich angesichts der noch fortdauernden großen Schwierigkeiten innerhalb der Völkergemeinschaft nach immer größeren Anstrengungen. Die katholische Kirche ist hierbei im Rahmen ihres Auftrages stets ein hilfsbereiter und solidarischer Partner.

„Gebt Zeugnis von der tiefen christlichen Verwurzelung der menschlichen und kulturellen Werte, die Euch – und ganz Europa – heilig sind, die seine Vergangenheit so entscheidend geprägt haben und auch seine Zukunft zu gewährleisten vermögen."

Zum besonderen Vermächtnis des entscheidungsvollen Ereignisses von 1683 an die christlichen Kirchen gehört vor allem das Anliegen des religiösen Friedens – der Frieden zwischen den Erben Abrahams und die Einheit unter den Brüdern Jesu Christi. Die Jünger Mohammeds, die damals als Feinde vor den Toren Eurer Hauptstadt lagerten, sie leben jetzt mitten unter Euch und sind uns in ihrer gläubigen Verehrung des einen Gottes nicht selten Vorbild. Die jüdische Gemeinschaft, einst so fruchtbar mit den Völkern Europas verflochten und jetzt so tragisch dezimiert, mahnt uns gerade dadurch, jede Chance zu nützen, einander menschlich und geistig näherzukommen und miteinander vor Gott zu treten und von ihm her den Menschen zu dienen. Die Spaltungen unter den Christen, 1683 bis in die Politik hinein so verhängnisvoll wirksam, sind heute Anlaß und Aufforderung zu bewußter Gemeinschaft in Begegnung, Gebet und Diakonie.

6. Liebe Brüder und Schwestern! Wie ich in meiner Fernsehbotschaft an Euch im Juni des vergangenen Jahres betont habe, sollen die erfolgreichen Anstrengungen der Christenheit zum Schutz des Abendlandes im Jahre 1683 und die jetzige Gedenkfeier während des Österreichischen Katholikentages vor allem „die Christen von heute an ihre gemeinsame Verantwortung für Europa erinnern und ihnen neuen Mut vermitteln zu opferbereitem Einsatz für Frieden und Gerechtigkeit, für Menschenrechte und christliche Solidarität unter den Völkern". Bei derselben Gelegenheit gab ich meiner Hoffnung Ausdruck, daß von Eurem Katholikentag „für Eure Heimat und für ganz Europa eine christliche Neubesinnung auf die tiefen gemeinsamen geistigen Wurzeln ausgehen" möge. Ein jeder von Euch ist aufgerufen, dazu an seinem Platz und entsprechend seinen Möglichkeiten einen ganz persönlichen Beitrag zu leisten. Uns Christen ist es aufgegeben, aus der Mitte unseres Glaubens und durch einen solidarischen Einsatz zum Wohl des Menschen und der Gesellschaft wirksam zu bezeugen, daß es allein im Kreuz wahre Hoffnung gibt – für den einzelnen, für das eigene Land, für Europa und für die ganze Menschheit.

Ihr Christen in Österreich und in allen Ländern des Kontinents!

Gebt Zeugnis von der tiefen christlichen Verwurzelung der menschlichen und kulturellen Werte, die Euch – und ganz Europa – heilig sind, die seine Vergangenheit so entscheidend geprägt haben und auch seine Zukunft zu gewährleisten vermögen. Zeigt Euch würdig jener Glaubensbrüder, die auch heute noch für ihre religiösen Überzeugungen und für ihre christliche Lebensführung Verfolgung leiden und schwere Opfer bringen müssen. Habt Mut und Entschlossenheit, Euch auch in der Politik und im öffentlichen Leben aus christlicher Verantwortung für das Wohl des Menschen und der Gesellschaft im eigenen Land und über alle Grenzen hinaus einzusetzen.

Im Kreuz ist Hoffnung für eine christliche Erneuerung Europas, aber nur wenn wir Christen selbst diese Botschaft des Kreuzes ernst nehmen.

Kreuz besagt: Das Leben für den Bruder einsetzen,
um es zusammen mit dem seinen zu retten.

Kreuz besagt: Liebe ist stärker als Haß und Rache –
Geben ist seliger als Nehmen – Sich-selbst-einsetzen bewirkt mehr als bloßes Fordern.

Kreuz besagt: Es gibt kein Scheitern ohne Hoffnung –
keine Finsternis ohne Stern –
keinen Sturm ohne rettenden Hafen.

Kreuz besagt: Liebe kennt keine Grenzen: beginne mit dem
Allernächsten und vergiß nicht den Fernsten.

Kreuz besagt: Gott ist immer größer als wir Menschen, auch
größer als unser Versagen – Leben ist stärker als der Tod.

Als Jünger Christi seid Ihr, liebe Brüder und Schwestern, aufgerufen, aus der Kraft des Kreuzes Christi durch Euer hoffnungsvolles Wort und christliches Lebensbeispiel den Menschen von heute in ihrer mannigfachen Bedrohung und Verwirrung die befreiende Antwort und Hoffnung zu geben.

„Im Kreuz ist Hoffnung für eine christliche Erneuerung Europas, aber nur wenn wir Christen selbst die Botschaft des Kreuzes ernst nehmen."

Und pflegt in allem das Gebet! Betet, wie es die Christen in der Bedrängnis von 1683 getan haben. Betet, wie es gerade in Eurem Land seit Jahrzehnten so vorbildlich im „Rosenkranz-Sühnekreuzzug um den Frieden der Welt" geschieht. Laßt Euch von mir in dieser Stunde unter dem Zeichen des Kreuzes, das wir heute auf diesem Platz aufgerichtet haben, zu jenem wahren Kreuzzug der christlichen Tat und des Gebetes sammeln. Wie einst der selige Papst Innozenz XI. die bedrohten Völker zur Heiligen Allianz zusammenrief, so ruft Euch heute sein Nachfolger auf dem Stuhl Petri ins Gewissen: Der geistige Kampf für ein Überleben in Frieden und Freiheit verlangt den gleichen Einsatz und Heldenmut, die gleiche Opferbereitschaft und Widerstandskraft, durch die unsere Väter damals Wien und Europa gerettet haben! Entscheiden wir uns dazu und legen wir diesen Entschluß unter das Kreuz Christi, des Herrn aller Geschichte. Denn in seinem Kreuz ist wirklich Hoffnung und Heil!

„Wir beten Dich an, Herr Jesus Christus,
und preisen Dich,
denn durch Dein heiliges Kreuz
hast Du die Welt erlöst."
Amen.

Jugendbegegnung

„Jesus Christus – unser Weg“

Begegnung und Gebet der Jugend mit dem Papst im Wiener Stadion. Jugendliche sammelten sich auf drei Plätzen, um von dort ins Stadion zu gehen. Nach dem Erreichen des Geländes war genügend Zeit für Rast und Besinnung. Jugendliche schmückten mit ihren selbstgebastelten Bildtüchern und mitgebrachten Blumen das Stadion. Diese Vorbereitung stand unter der Devise Miteinander teilen: das Gespräch, Speise und Trank. Einfache Zeichen der Offenheit füreinander und der Bereitschaft, einander zu helfen.

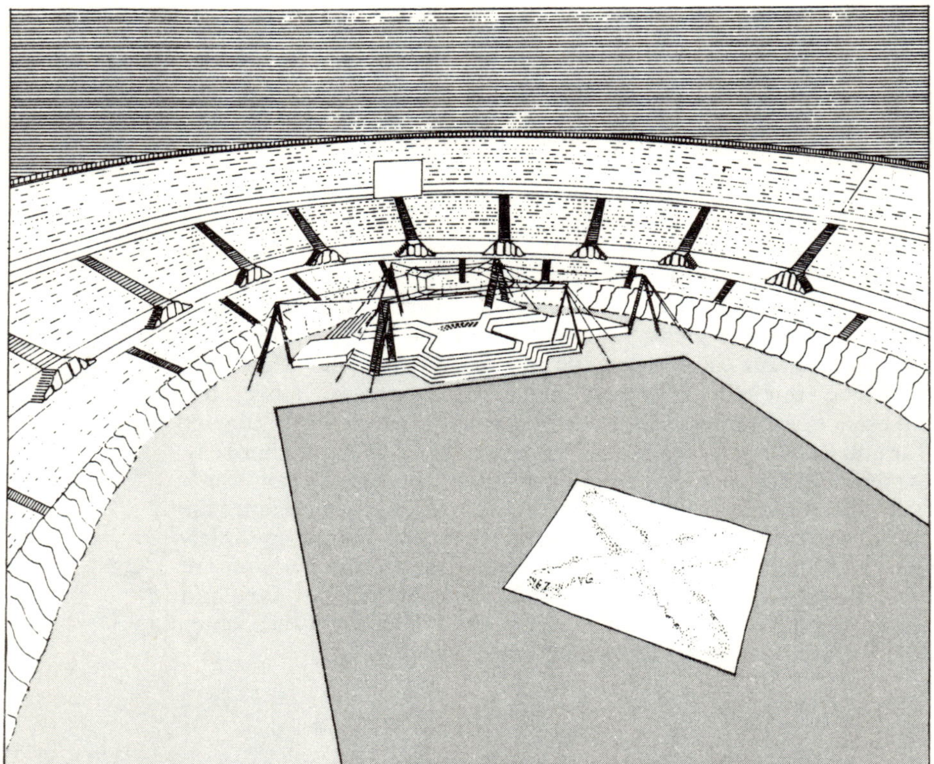

Dem Eintreffen des Papstes im Stadion folgte die Begrüßung durch Jugendbischof Dr. Egon Kapellari:

„Heiliger Vater! Sie haben während vieler Jahre Ihre Zeit und Ihre Kraft vor allem jungen Menschen geschenkt: jungen Arbeitern und Studenten. Auch als Papst hören Sie aufmerksam auf die Jugend, reden verständlich mit ihr, fordern sie positiv heraus.

An diesem Abend begegnen Sie vielen jungen Katholiken und vielleicht auch Suchenden, die nicht der Kirche angehören. Sagen Sie uns allen ein Wort des Glaubens und der Ermutigung. Beten Sie mit uns, damit wir den Weg nicht verlieren."

Ort: Wiener Stadion
Zeit: 10. September, 20.30 Uhr
Teilnehmer: 70.000 Jugendliche aus ganz Österreich

Namens der jungen Menschen begrüßte Elisabeth Aichberger den Papst:

Ich freue mich, Sie, Heiliger Vater, namens der vielen Jugendlichen, die im Stadion sind, sehr herzlich begrüßen zu können.

Viele sind gekommen, um Ihnen zu sagen, was sie erfreut und was sie ängstigt; um Ihr Wort zu hören und um mit Ihnen zu beten.

Auf unseren Wegen suchen wir Ihn, der gesagt hat: „Ich bin der Weg, die Wahrheit und das Leben."

Wir suchen Ihn in der Kirche und durch Sie. Die Kirche ist für viele von uns Heimat. Wir wollen in ihr mitarbeiten, mitbestimmen und Verantwortung übernehmen. Auch die Gesellschaft ist unser gemeinsames Haus. Auch dort müssen und möchten wir Verantwortung übernehmen.

Wir suchen Menschen, die uns als Eltern, Lehrer, Priester, Vorgesetzte und Politiker ein glaubwürdiges Beispiel geben.

Viele unserer Anliegen werden heute zur Sprache kommen, wo wir auf der Suche sind, was uns bewegt:

der Sinn unseres Lebens und die Kirche;
der Friede und die Gerechtigkeit für die Dritte Welt;
die Sorge um den Arbeitsplatz und Umwelt.

Mit Ihnen, Heiliger Vater, wollen wir das bedenken und im Gebet vor Gott bringen.

Nach dem Legen eines Kreuzes aus Blumen trugen Jugendliche ihre Hoffnungen, Ängste und Nöte, ihre Glaubenserfahrungen und ihre Erwartungen an das Leben und die Kirche vor.

Der Heilige Vater antwortete mit folgender Rede:

Liebe junge Freunde! Brüder und Schwestern!

1. An diesem Abend gehöre ich Euch! – Aus ganz Österreich seid Ihr hierhergekommen und habt auch Freunde aus den Nachbarländern mitgebracht. Viele von Euch sind schon berufstätig. Andere besuchen Schulen, auch Hochschulen. Gemeinsam ist Euch dieses schöne Land im Herzen Europas. Gemeinsam ist Euch auch der Glaube an Jesus Christus oder wenigstens das Suchen und Fragen nach ihm. Darum steht unsere Begegnung heute abend unter dem Thema „Jesus Christus – unser Weg".

Wenn ich Euch oder die jungen Menschen anderer Länder sehe, dann erfüllt mich eine tiefe Zuneigung und eine große Hoffnung. Das Schicksal Eures Landes bis weit hinein in das nächste Jahrtausend liegt auch in Euren Händen. Und auch das Schicksal des Glaubens in Österreich und darüber hinaus wird von Euch mitbestimmt sein. Aus Euren Fragen und Anregungen, mit denen Ihr das Wirken der Verantwortlichen in Staat und Kirche oft kritisch begleitet, erkenne ich Eure Bereitschaft, Euch den Aufgaben der Gegenwart zu stellen. Diese sind ungeheuer groß und verlangen Euren ganzen Einsatz.

Ihr selbst habt es soeben sehr eindrucksvoll und ernst dargestellt: Die Welt und die Zeit, in der wir heute leben, sind eine große Herausforderung für Euch. Ihr seid betroffen vom Elend und Hunger in weiten Teilen der Erde und von soviel Ungerechtigkeit. Ihr warnt vor der tödlichen Gefahr gigantischer Waffenar-

Daten, Zahlen, Details:
Im Stadion waren 250 Ordner aufgeboten worden. 200 davon waren Profis der Veranstaltungsorganisation „Stimmen der Welt", den Rest stellte die Arbeitsgemeinschaft der Katholischen Jugend. 300 Ordner der AKJ betreuten die Sternmärsche, mit denen die Jugendlichen ins Stadion einzogen. Außerdem halfen noch 25 Pfadfinder.
Nach der Jugendbegegnung mit dem Papst wurde das Wiener Stadion von Schülern und Schülerinnen aus der Albertus-Magnus-Schule und aus Strebersdorf aufgeräumt.
Die 58 Tänzer, die die jeweiligen Jugendthemen untermalten, waren Jugendliche aus ganz Österreich, keine Profis. Sie hatten eine Woche vor der Veranstaltung mit den Proben begonnen.
Auch jene Jugendlichen, die die einzelnen Themen vortrugen, waren keine ausgebildeten Sprecher. Sie setzten sich vor allem aus jenen zusammen, die in Briefen dem Heiligen Vater ihre Anliegen mitgeteilt hatten.
Den musikalischen Teil gestalteten im Stadion die Gruppe „Impulse", die Gruppe „Musyl & Joseppa", die „Corrymeela-Singers" und der Studentenchor St. Anna aus Warschau.
Die Bühne im Wiener Stadion hatte der Architekt Martin Wurnig konstruiert.

senale und eines drohenden Atomkrieges. Ihr macht Euch Sorgen um die Umwelt. Ihr wißt, daß viele Menschen, vor allem Jugendliche, durch Arbeitslosigkeit bedroht sind oder schon jetzt keine Arbeit haben. Viele Menschen in anderen Ländern sind auch geistig unterdrückt und können ihren Glauben nicht in Freiheit bekennen. Das alles schafft da und dort das Gefühl, das Leben habe wenig Zukunft, wenig Sinn. In einer solchen Situation fliehen manche aus der Verantwortung: in kurzlebiges Vergnügen, in die Scheinwelt des Alkohols und der Drogen, in unverbindliche sexuelle Beziehungen, in Gleichgültigkeit, Zynismus oder auch Gewalt. Für einige wird die Flucht in den Tod zum scheinbar letzten Ausweg.

2. Aber die Mitte der Nacht ist, wie jemand gesagt hat, zugleich schon der Anfang des Tages. Die Schwierigkeiten unserer Zeit wecken bei vielen Menschen, besonders bei den jungen, auch die kühnsten Träume, die besten Kräfte des Geistes, des Herzens, der Hände. Es erwacht die Bereitschaft, zu teilen und das Leben ohne Berechnung einzusetzen.

Überall auf der Welt haben Menschen begonnen, sich und andere zu fragen: Was kann ich tun? Was können wir tun? Wohin führt unser Weg? Es sind vor allem junge Menschen, die so fragen. Sie möchten ihren Beitrag leisten, um eine weithin müde und kranke Gesellschaft zu heilen. So geben sie ihrem Leben und dem Leben ihrer Freunde einen neuen Sinn. Dieser Sinn hat für viele von ihnen schon einen Namen: den Namen „Jesus Christus". Sie haben Jesus gefunden. Er ist ihre neue Hoffnung geworden. Andere junge Menschen hingegen suchen Jesus. Zeigt Ihr ihnen den Weg zu ihm!

„Die Welt und die Zeit, in der wir heute leben, sind eine große Herausforderung für Euch."

Ihr seid auf verschiedenen Wegen miteinander zu Fuß in dieses Stadion gekommen. Die verschiedenen Wege, auf denen Ihr gekommen seid, mündeten ein in das Kreuz, das einige von Euch stellvertretend für die anderen mitten im Stadion auf den Boden gelegt, auf den Boden geschrieben haben. Es ist ein Kreuz aus Blumen, ein blühendes Kreuz. Es ist das Siegeszeichen Jesu, der als der Gekreuzigte zugleich auferstanden ist. Ein Zeichen des Osterglaubens gegen alles, was Euch lähmen könnte.

Eure Wege und dieses Kreuz in unserer Mitte verweisen uns auf Jesus Christus, der von sich gesagt hat: „Ich bin der Weg" (Joh 14, 6). Er hat vor bald 2000 Jahren junge Menschen, wie Ihr seid, zu sich gerufen. Sie haben Boot und Netz verlassen und sind seine Jünger geworden. Aus Fischern und Zöllnern wurden Apostel. Jesus ruft auch heute. Er ruft Euch! Und er zeigt Euch den Weg durch das, was die Evangelien über seinen Umgang mit den Menschen berichten.

„Leistet zuverlässige Arbeit, seid gute Kameraden. Und wenn es Euch gegeben ist, seid auch bereit, besondere Verantwortung zu übernehmen."

3. Uns berührt sogleich die große Behutsamkeit und Zuneigung, mit der er den Menschen begegnet: wie er Kinder segnet und den Sündern beim Mahl Gemeinschaft gewährt; wie er den Schmerz der Witwe von Naim teilt, auf den blinden Bettler hört, der am Wege schreit, und wie er mit der Frau am Brunnen ein Gespräch führt. Jede Seite des Evangeliums berichtet von der feinfühligen Güte dessen, der „umherging, Wohltaten spendend . . ."

Über den Menschen hinaus zeigt sich Jesus mit der ganzen Schöpfung tief verbunden: Er beobachtet, wie die Saat auf dem Acker gedeiht und wie der Feigenbaum Früchte ansetzt. Er achtet auf Wind und Wolken. Senfkorn und Weinstock, Lilien und Sperlinge werden zum Gleichnis für das Reich Gottes, das er verkündet.

„Ihr werdet auch, liebe Freunde, die kommende Geschichte der Kirche prägen."

Wirklich, es erstaunt nicht, daß junge Menschen von heute auf Jesus neu aufmerksam werden: Ihr seid ja besonders darauf bedacht, daß Mensch und Natur in ihrer Würde und in ihrem Wert ernstgenommen werden.

Freilich verkörpert Jesus mehr als nur einige Ideale des modernen Menschen. Er zeigt in Natur und Mensch einen tiefen Sinn auf: Die Welt ist Gottes Schöpfung; in ihr ist ohne Unterlaß Gott, der ewige Vater, am Werk. So wird alles Geschaffene durchsichtig auf Gott hin: die großen Ereignisse ebenso wie die scheinbar unbedeutenden Dinge, an denen man leicht achtlos vorübergeht.

Die Evangelien bezeugen also: Die Kraft, die Jesus und sein ganzes Leben durch und durch bestimmt, ist seine liebende Bindung an Gott Vater.

Für uns sollte diese Botschaft Jesu von der beständigen Gegenwart Gottes inmitten dieser Schöpfung eine Quelle der Zuversicht sein: Gott kennt uns. Er kennt uns besser, als wir uns selber kennen. Er liebt uns, auch wenn diese Liebe oft verborgen ist. Er ist ein Gott, der uns Zukunft gibt. Er ist nicht ein Gott der Toten, sondern der lebendige und lebenspendende Gott. Ihm können wir uns anvertrauen, in ihm Wurzeln schlagen. Wenn wir fallen, dann fallen wir nicht

„In dieser Kirche habt ihr alle einen Platz, eine Aufgabe."

tiefer als in Gottes Hand. Das hat Jesus in den 33 Jahren seines Weges inmitten der Menschen vorgelebt. Das hat er gemeint, als er sagte: „Ich bin der Weg."

Jesu Botschaft ist aber zugleich ein Anspruch. Zuneigung und Vertrauen zu ihm sollen in Nachfolge einmünden. Gefühle allein reichen nicht: Wir müssen bereit sein, unser Wollen und Handeln auf ihn auszurichten. Daran läßt der Herr keinen Zweifel: „Wer meine Gebote hat und sie hält, der ist es, der mich liebt" (Joh 14, 21).

Ihr mögt vielleicht jetzt fragen: Was fordert der Herr? Wie verwirklichen wir seinen Willen? „Du kennst die Gebote", antwortet Jesus selbst im Evangelium dem jungen Mann, der ihm die gleiche Frage stellt. „Ihr kennt die Gebote!" Nehmt sie ernst! Sie weisen Euch den Weg.

4. Liebe junge Freunde! Auf diesem Weg hat Christus Euch gerufen. Und wie mit den Emmausjüngern ist er mit Euch unterwegs auf Eurem Weg zu den Menschen, in den Beruf, in die Gesellschaft.

Ihr geht auf Menschen zu. Viele von ihnen sind Euch noch gar nicht bekannt. Einer wird vielleicht der Partner für Euer Leben sein, entscheidend ebenso für Euch wie für die Kinder, deren Eltern Ihr sein werdet. Wie findet Ihr den Weg zueinander? Wie lernt Ihr jene Liebe, die auch Enttäuschungen übersteht? Wie lernt Ihr jene wahre Selbstverwirklichung, die nicht nur Ich sagen kann, sondern auch Du und Wir? Jesus hat gesagt: „Kommt und lernt von mir."

Ihr geht auch auf einen Beruf zu. Für viele wird es nicht ein Traumberuf sein, sondern ganz nüchtern ein Arbeitsplatz, an dem Ihr aber doch als ganze Menschen gefordert seid. Leistet zuverlässige Arbeit, seid gute Kameraden. Und wenn es Euch gegeben ist, seid auch bereit, besondere Verantwortung zu übernehmen. Habt keine Angst, Euch in Eurem Milieu als Christen zu bekennen. Dieses Bekenntnis bringt Euch eine tiefe Freude, auch wenn Ihr manchmal nicht verstanden oder sogar ausgelacht werden solltet.

Ihr seid schließlich auch unterwegs zu einer künftigen Gesellschaft. Ihr wünscht, daß sie besser sei als die jetzige Gesellschaft. Euer Wunsch ist berechtigt. Es wäre aber ungerecht, jenen nicht zu danken, die zu ihrer Zeit im voraus vieles für Euch getan haben. Es wäre ungerecht, rückblickend und besserwissend alles Gewesene gering zu schätzen. Als Christen glauben wir aber auch an die Möglichkeit der Weiterentwicklung zum Besseren. Dies setzt freilich oft eine tiefgreifende Neubesinnung und Umkehr voraus.

Ihr wollt eine Gesellschaft mit mehr Wahrhaftigkeit, Gerechtigkeit und Barmherzigkeit. Ihr wollt eine Gesellschaft mit mehr Verantwortungsbewußtsein gegenüber Mensch und Umwelt, mit mehr Toleranz und vor allem mit mehr Friede. Beginnt Ihr damit, wahrhaftig und gerecht zu sein, barmherzig und um Frieden bemüht, um Frieden, den man von anderen nur erwarten kann, wenn man ihn selbst lebt.

Ihr geht auf eine Gesellschaft zu, die Ihr mitgestalten müßt. Die nächste Generation wird Euch genauso fragen, wie Ihr heute die Älteren fragt: Was habt Ihr aus Eurem Leben und aus der Welt gemacht?

5. Ihr werdet auch, liebe Freunde, die kommende Geschichte der Kirche prägen. Ich bin überzeugt, daß Ihr keine Kirche wollt, die die Forderungen Jesu verkürzt oder die Schätze des Glaubens zu billigen Preisen veräußert. Ihr wollt eine Kirche, die deutlich spricht und glaubwürdig lebt. Ohne sich an den Zeitgeist auszuliefern, soll sie den Menschen von heute Hoffnung vermitteln. Sie tut dies:

– indem sie unter den Menschen die Überzeugung wachhält, daß die Erlösung der Strukturen von der Erlösung der Herzen abhängt;

– indem sie das Heil nicht allein von unserer eigenen Anstrengung, sondern vor allem als Gottes Geschenk erwartet;

– indem sie Gott als unsere endgültige Erfüllung verkündet und uns die Angst nimmt, das Glück zu verpassen, wenn wir es uns nicht in raschem Zugriff selbst verschaffen;

– indem sie eine fröhliche Einfachheit lebt, weil sie in Gott ihren wahren Reichtum hat.

„Schiebt Eure Verantwortung nicht auf andere, auf die Gesellschaft, auf den Staat, auf die Kirche."

„Papst Johannes Paul II. kann so jene fröhliche Einfachheit mitteilen. Er kann die jungen Menschen überzeugen, daß er sie mag. Er kann mit dem Herzen angefaßt werden. Wenn das gefühlt wird, genügt ein Winken mit dem Arm, eine halbe Drehung des Körpers, ein simpler Satz des Grußes: ein Stadion wird zum Ort des Jubels."
Kleine Zeitung, 12. 9. 1983

Jesus sagt heute zu jedem von Euch, was er einst zum heiligen Franz von Assisi gesagt hat: Du sollst mein Haus, die Kirche, wiederaufbauen. Viele träumen von einer anderen, einer ganz neuen Kirche. Christus fordert Euch jedoch auf, ihm Euren Einsatz für die gegenwärtige Kirche zu schenken: diese sollt ihr „wiederaufbauen", diese soll erneuert werden.

Heute schon kann Euer Dienst beginnen, die Kirche von morgen bauen zu helfen: eine Kirche, die keine Trennung kennt, weder die Trennung der Konfessionen noch der Generationen; eine Kirche, die vielen Heimat bietet und doch deutlich macht, daß diese Welt nicht unser endgültiges Zuhause ist.

In dieser Kirche habt Ihr alle einen Platz, eine Aufgabe. Ihr baut diese Kirche als junge Christen, als künftige Mütter und Väter, als gläubige Menschen in vielen Berufen und Lebensbereichen.

Unter Euch sind sicher auch nicht wenige, die Christus zum Dienst des Priesters, der Ordensfrau, des Ordensmannes berufen will. Verweigert Euch nicht seinem Ruf. Achtet auf seine leise Stimme inmitten der lauten Stimmen, die Euch etwas anderes sagen wollen.

6. Eure Aufgabe ist groß, junge Freunde! Aber Jesus sagt auch zu Euch „Fürchtet Euch nicht". Laßt Euch nicht lähmen durch Unheilspropheten. Verschreibt Euch nicht dem Motto „Alles oder nichts", sondern habt Mut und Geduld zu kleinen Schritten. Denkt selbst nach und laßt Euch nicht durch fremde Parolen leiten.

Jesus sagt auch zu Euch: „Kehrt um, bekehrt Euch." Schiebt Eure Verantwortung nicht auf andere, auf die Gesellschaft, auf den Staat, auf die Kirche. Kehrt um aus der Klage und Anklage zu Eigenverantwortung. Laßt Euch im Bußsakrament versöhnen mit Gott und den Menschen, dann werdet Ihr frohe Menschen sein und auch andere froh machen können.

Jesus fragt auch Euch, wie er Petrus gefragt hat: „Liebst du mich?" Wenn Ihr ihn liebt, was darf dann diese Liebe kosten? Ihr seid reich an Begabungen, an Ideen, an gutem Willen. Ihr setzt Euch ein für den Frieden und gegen die Not in der Dritten Welt. Ihr seid jung. Es ist auch heute schön, jung zu sein: offen für die Welt und für das Leben. Es ist schön, zu schenken und zu empfangen.

Jesus sagt zu Euch: „Ich sende Euch." Bleibt nicht sitzen in Bequemlichkeit. Bleibt nicht sitzen mit Euren Zweifeln und Ängsten, sondern geht. Ihr wißt den Weg. Unser Weg ist Jesus Christus. Gehen wir diesen Weg miteinander!

DIE ANLIEGEN DER JUGENDLICHEN AN DEN PAPST

Bei der Begegnung des Heiligen Vaters mit der österreichischen Jugend im Wiener Stadion trugen 18 Sprecher dem Papst ihre Anliegen und Sorgen vor. Die Themen waren aus zahlreichen Briefen ausgewählt worden, die Jugendliche aus ganz Österreich an Papst Johannes Paul II. geschrieben hatten. Zwischen den einzelnen Texten wurden die Anliegen durch Tanzeinlagen und Musik unterstrichen.

„Heiliger Vater!
Wir haben Ihnen unsere Erfahrungen, Erwartungen an uns, die Kirche und die Welt, unsere Enttäuschungen und Hoffnungen in Briefen formuliert.
Einige von uns werden diese unsere Anliegen vortragen.
Hier sind alle Schreiben zusammengefaßt.
Wir überreichen sie Ihnen mit der Überzeugung, daß sie auch für Sie wichtig sind und wir darüber reden können, zugleich aber auch mit dem Versprechen, Ihre Sorgen zu teilen."

Thema:
Unterwegs wohin?
Die Frage nach dem Sinn

Sprecher 1:
wer bin ich
warum bin ich
wie bin ich
wo ich doch nicht so war
was bin ich geworden
wie lange werde ich sein
wem werde ich was gewesen sein
wie oft werde ich noch werden
wann werde ich sagen: ich bin
woher wissen wie das ist
wen fragen wie das sein wird
wohin gehen was zu werden
wessen Verlust gewesen zu sein
warum geworden
warum nicht anders geworden
wem sage ich das

Sprecher 2:
Werbehymnen verkünden die Losung des Tages.

Sprecher 3:
Ja, ihr jungen Leute seid noch voller Ideale und Träume. Viele sind es schon lange nicht mehr. Für viele ist das Leben zur Ironie geworden.

Sprecher 1:
Jesus sagt: „Ich bin der Weg."

Sprecher 2:
Gefährlich wurde es, wenn es um mich still wurde, dann schrie und tobte Sinnlosigkeit, Leere, Angst, Einsamkeit und Verzweiflung – ich mußte rastlos weitertun, wollte ich in mir davon nicht verrückt werden.

Sprecher 3:
Und immer wieder hören wir, daß es noch keiner Generation so gut gegangen ist wie uns. Und wir krümmen uns im Bewußtsein. Uns fehlt die Maßeinheit.

Sprecher 1:
Jesus sagt: „Ich bin der Weg."

Sprecher 2:
In meiner Isolation beschäftigte ich mich immer mehr mit der Problematik des Selbstmordes und wurde so immer depressiver. Ich wollte wieder zurück zum Rauschgift, mir war die Selbstzerstörung nur willkommen.

Sprecher 3:
Wir betreiben uns selbst – wie eine Maschine – ständig in action.
Mit vorprogrammierten Aktivitäten und gemachten Gefühlen.

Konsum als Zerstreuung und Ablenkung.
Ablenkung als Bewältigungsstrategie –
keine Fragen, keine Zweifel, keine Betroffenheit, kein Aufmerken und keine Stille.
Denn wenn es still wird, kommt auch die Angst.

Sprecher 1:
Jesus sagt: „Ich bin der Weg."

Sprecher 2:
Jesus ist diesen Weg selbst vorausgegangen.
Er hat all unsere Begrenztheit selbst erlebt – bis zum Tod aus Liebe zu uns.
In der Sicherheit, daß er zu uns steht, bekommen wir den Mut, auf diese Liebe zu antworten.

Sprecher 3:
In unseren Händen, uns, den Jugendlichen von heute, liegt die Zukunft, wenn wir alle, wenn jeder von uns beginnt, in seiner Umgebung als erster anzufangen, Mut und Hoffnung zu zeigen, auf die anderen einzugehen und nicht nur auf sich zu sehen. In der Überzeugung, daß wir nicht alleine sind, daß wir viele sind und daß Jesus jeden Schritt mit uns geht, auch wenn wir uns alleine, ausgestoßen und machtlos fühlen, scheint mir unsere Zukunft nicht mehr hoffnungslos.

Thema: Arbeit

Sprecher 1:
Ich heiße Michael.
Ich begann im August 82 meine Lehre als Koch. Jedoch begegnete ich unmenschlichen Arbeitsbedingungen. Ich hatte bis zu 16 Überstunden in der Woche, arbeitete oft bis in die Nacht hinein. Ich wurde geschlagen, körperlich und seelisch. Ich wußte nicht mehr, ob ich für mich oder für den Geldbeutel meines Chefs arbeitete. Im März 83 kündigte ich. Seither bin ich arbeitslos. Arbeitslos, daß heißt: Probleme mit der Familie, mit der Gesellschaft und mit sich selbst. Arbeitslos, das heißt: nervliche Überbelastung, Aggression. Ich habe das Gefühl, ausgestoßen zu sein, angewiesen auf andere. Ich glaube, zu nichts nutze zu sein.

Sprecher 3:
Viele von uns stehen vor der Entscheidung für einen Beruf. Wir suchen keine Arbeit nur zum Gelderwerb. Wir suchen keine Arbeit, in der austauschbare Menschen Ersatzteile einer wirtschaftlichen Maschinerie werden. Wir wünschen uns Arbeit und Berufe, in denen wir unsere Fähigkeit entfalten können, in denen wir Sinn finden, in denen wir einander dienstbar sein können, in denen wir Mitarbeiter an Gottes Werk werden.

Sprecher 2:
Ich arbeite in meiner Freizeit in einer Wohngemeinschaft für Obdachlose.
Da erlebe ich die ganze Brutalität und das Elend, das das Leben einem Haftentlassenen, einem Alkoholiker, einfach an der Gesellschaft Gescheiterten bieten kann.
Ich spüre die Ohnmacht und sehe die Ablehnung und das Desinteresse, das diesen Menschen entgegengebracht wird.
Welcher Auftrag stellt sich da für mich als Christ? Ich selber kann die Ungerechtigkeiten in der Arbeitswelt nur deshalb aushalten, weil da einer ist, der mich hält und trägt – Jesus Christus.
Aber erst im direkten Umgang und im Gespräch mit den Arbeitslosen und Fließbandarbeitern kann ich ihnen diese Liebe Jesu Christi vermitteln, kann ich ihnen das Gefühl geben: „Du bist etwas wert, weil dein Wert nicht von einem Arbeitsplatz abhängt, sondern von dem Leben, das in Jesus Christus begründet ist.

Sprecher 3:
Jede Krise – auch die wirtschaftliche – trägt in sich die Chance der Erneuerung und des Aufbruchs. Verwenden wir unsere ganze Phantasie, unseren ganzen Mut und unsere Energie für diesen Aufbruch. Einen Aufbruch aus der Bequemlichkeit des Wohlstandes zu Verzichtbereitschaft, Selbstbegrenzung und Einfachheit. Einen Aufbruch aus tauber Resignation und Wehleidigkeit zu neuem Selbstvertrauen und Wertbewußtsein. Einen Aufbruch aus dem Konkurrenzkampf und der Habgier zu Solidarität, gerechtem Teilen und Verteilen der vorhandenen Arbeit.

Thema:
Der Tanz neben dem Vulkan
Unsere Mutter, die Erde

Sprecher 1:
Wenn ich aus meinem Fenster blicke, sehe ich die Schornsteine der Fabrik. Auch die grauen Schleier auf den Blättern der Bäume, am Fensterbrett und auf der Straße. Wirklich grüne Bäume kenne ich nicht. Dafür hat die Industrie gesorgt. Bäume können nicht schreien. Sie lassen die Blätter fallen.

Sprecher 2:
Der Unterlauf des Traunflusses ist durch Industrieabwässer derart verdreckt, daß er – wie ein Sterbender – mit Sauerstoff „künstlich beatmet" werden muß, um nicht im Faulschlamm zu ersticken.

Sprecher 3:
20.000 Autos fahren täglich vor meinem Fenster vorbei. Bei Tag und bei Nacht. Es dröhnt und stinkt unerträglich. Hat Gott das gemeint, als er den Menschen den Auftrag gab, sich die Erde untertan zu machen?

Sprecher 1:
Und wenn ich all die Macht und das Geld des Staates habe, Wälder abholze, Felder zubetoniere mit Autobahnen quer übers Land, aber es bliebe uns kein verborgener Winkel mehr auf dieser Erde, um die Stille des Waldes zu erleben in der Abenddämmerung, dann haben wir keine Zukunft mehr.

Sprecher 2:
Und wenn ich all das Wissen, die Apparaturen und Laboratorien der Industrie habe, Gifte erzeuge und jeden Schädling unschädlich mache, Tabletten gegen jeden Schmerz, frische Luft aus Spraydosen und sauberes Plastik, um alles zu verpacken,
aber die Blätter schon im Frühjahr welk von den Bäumen fallen, die Fische tot auf den stinkenden Flüssen treiben, wie bleiche Augen, die Luft rot flimmert vom Schwefel der Hochöfen, daß beim Atmen Brechreiz hochkommt. Dann haben wir keine Zukunft mehr.

Sprecher 3:
Und wenn ich Einfluß habe auf alle Zeitungen, den Hörfunk und das Fernsehen, die Bedrohung verharmlose, die Reaktorunfälle verschweige, die verzweifelten Mahner verleumde und mit der Angst um die Arbeitsplätze meine Interessen durchsetze, aber die Umweltschützer zerbrechen an dieser Übermacht, die Vorkämpfer gegen die Zerstörung resignieren und die Angst alles lähmt, dann haben wir keine Zukunft mehr.

Sprecher 1:
Doch wenn wir glauben, daß Gott am Anfang der Schöpfung alles ansah, was er geschaffen hatte, und sah, daß es gut war, und wenn wir uns als Kinder Gottes und als Teil seiner Schöpfung fühlen, dann haben wir die Verpflichtung, unsere natürliche Umwelt wie ein Geschenk zu achten und zu erhalten. Dann haben wir Zukunft.

Thema:
Kirche, meine Heimat

Sprecher 1:
Ich bekenne mich zur Kirche, zur Gemeinschaft der Glaubenden und zur Leitung der Kirche. – Ich sehe zwar viele Unzulänglichkeiten und Fehler in dieser Institution, aber gerade deshalb habe auch ich Platz, die ich ebenfalls in Schuld und Fehlern verhaftet bin. Wäre die Kirche perfekt, so hätte ich für meine Person keinen Platz in ihr.

Sprecher 2:
In einem großen Teil unserer Erde werden Menschen in der Nachfolge Christi verfolgt. In Asien, Afrika, Südamerika. Und nicht weit von uns entfernt im Ostblock. Sie sind Christus treu. Es ist unsere Aufgabe, für sie zu beten und uns für sie einzusetzen. Aber bei uns da geht alles glatt. Ist unsere Gesellschaft so christlich, daß wir nicht zu widersprechen haben? Oder haben wir uns schlicht und einfach arrangiert?
Müßten wir hier in Österreich nicht vielmehr Mut haben, Zeichen des Widerspruchs im Sinne des Evangeliums zu sein?

Sprecher 3:
Wann werden wir aufhören, uns tausendfach abgesegnete Ausreden und Entschuldigungen zurechtzulegen, um die Botschaft Jesu nicht ernstnehmen zu müssen? Wir möchten eine Kirche, in der Menschen wichtiger sind als Strukturen und Traditionen. Wir suchen eine Kirche, die heiklen Fragen nicht ausweicht: z. B. die Voraussetzungen des Zugangs zum Priesteramt und die Rolle der Frau in der Kirche.

Sprecher 2:
Wir möchten eine Kirche, die sich heute besonders Sorgen macht um wiederverheiratete Geschiedene. Wir suchen eine Kirche, die großzügig und gelassen ist. Oft erwarten wir uns nicht so sehr fixe Antworten, sondern ein gemeinsames offenes Suchen nach Lösungen.

Sprecher 3:
Ich setze meine Hoffnung auf eine Kirche, in deren Dienst sich immer mehr junge Menschen stellen. Wo jeder offen ist für seine Berufung als Priester, Ordensmann oder -frau oder als Laienmitarbeiter.

Sprecher 1:
Ich setze meine Hoffnungen auf eine Kirche, die eindeutig auf Seiten der Unterdrückten und Besitzlosen steht, die den Weg zu den Menschen nicht scheut, zu ihren konkreten Ängsten, Sorgen und Bedrohungen. Ich setze meine Hoffnung auf eine Kirche, in der die Jugend nach neuen Wegen sucht.

Thema:
Rhythmus des Todes
(Dritte Welt)

Sprecher 1:
Die Trommel schlägt im Rhythmus des Todes.
Jeder Trommelschlag ein Hungertod.

Sprecher 2:
„Gebt Ihr ihnen zu essen", hat Jesus gesagt.

Sprecher 3:
Während ich hier stehe und nachdenke und zu sprechen beginne, verhungert sein Kind. Und während ich aufschrecke und diesen Gedanken verscheuchen möchte, ist wieder eins verhungert. Ich aber lebe weiter.

Sprecher 1:
Die Trommel schlägt den Rhythmus des Todes.
Jeder Trommelschlag ein Hungertod.

Sprecher 2:
„Gebt Ihr ihnen zu essen", hat Jesus gesagt.

Sprecher 3:
Das Hinsehen und Hinhören tut weh. Die Bomben, die nur für andere bestimmt sind und nur für später und nur für den Ernstfall, diese Bomben fallen jetzt, weil sie Millionen Hungernden die Nahrung verwehren.

Sprecher 1:
Die Trommel schlägt den Rhythmus des Todes.
Jeder Trommelschlag ein Hungertod.

Sprecher 2:
„Gebt Ihr ihnen zu essen", hat Jesus gesagt.

Sprecher 3:
20% der Weltbevölkerung verbrauchen 80% der zur Verfügung stehenden Rohstoffe. 80% der Weltbevölkerung müssen sich den Rest der Rohstoffe teilen. Ich zähle mich zu jener Minderheit, die sich auf Kosten der großen Mehrheit bereichert.

Sprecher 1:
Die Trommel schlägt den Rhythmus des Todes.
Jeder Trommelschlag ein Hungertod.

Sprecher 2:
„Gebt Ihr ihnen zu essen", hat Jesus gesagt.

Sprecher 3:
Die großen Augen der ausgehungerten Kindergesichter und die aufgedunsenen Kinderbäuche sind nicht gottgewollt.
Wer hat die Weltwirtschaftsordnung gemacht, die die Armen immer ärmer und die Reichen immer reicher werden läßt? Wenn ich hier stehe und über dies alles nachdenke, lehne ich es ab, von Hoffnung zu reden.

Sprecher 1:
Die Trommel schlägt den Rhythmus des Todes.
Jeder Trommelschlag ein Hungertod.

Sprecher 2:
„Gebt Ihr ihnen zu essen", hat Jesus gesagt.

Sprecher 3:
Kann ich trotzdem noch hoffen, daß wir endlich begreifen, daß unser Überfluß ursächlich das Elend anderer ist, daß wir nicht Almosen zu geben, sondern Wohlstand abzutreten haben, weil er uns nicht zusteht?

Sprecher 1:
Die Trommel schlägt den Rhythmus des Todes.
Jeder Trommelschlag ein Hungertod.

Sprecher 2:
„Gebt Ihr ihnen zu essen", hat Jesus gesagt.

Sprecher 1:
Die Trommel kommt aus dem Rhythmus des Todes. Nicht jeder Trommelschlag ein Hungertod.

Sprecher 2:
Ich sehe einen Hoffnungsschimmer: Entwicklungshelfer, Informationsdienste, Dritte-Welt- und Selbstbesteuerungsgruppen versuchen, den Rhythmus des Todes ins Stocken zu bringen. Wir müssen uns mit den leidenden Menschen der Entwicklungsländer solidarisieren. Das würde bedeuten, daß sich die Struktur ändert, die den Industriestaaten alle wirtschaftliche Macht verleiht.

Sprecher 3:
Voll Hunger und voll Brot ist diese Erde,
voll Leben und voll Tod ist diese Erde, in Reichtum und in Armut grenzenlos. Gesegnet und verdammt ist diese Erde, voll Schönheit hell umflammt ist diese Erde,
und ihre Zukunft ist herrlich und groß.
(Jura Soyfer)

Thema:
Meinen Frieden geb ich euch

Sprecher 1:
Die Bombe fiel.
Mit höllischem Jaulen stürzte das Ungetüm in die Tiefe. Im millionsten Teil einer Sekunde entflammte eine neue Sonne in grellweißem Licht. Hundertfach heller als die Himmelssonne. Und dieser Feuerball strahlte Millionen Hitzegrade gegen die Stadt Hiroshima.

Sprecher 1:
In dieser Sekunde verbrannten 86.100 Menschen.
In dieser Sekunde erlitten 72.000 Menschen schwere Verletzungen. In dieser Sekunde wurden 6820 Häuser pulverisiert und vom Sog eines luftleeren Raumes als Staubteilchen kilometerhoch zum Himmel emporgerissen. In dieser Sekunde bombardierten tödliche Neutronen- und Gammastrahlen den Explosionsort im Umkreis von anderthalb Kilometern.

Sprecher 2:
Heute gibt es weltweit etwa 50.000 Atomsprengköpfe mit einer Sprengkraft von mehr als einer Million Hiroshimabomben. Jeden Tag werden weltweit 12 Milliarden Schilling für Rüstung ausgegeben und damit Millionen Hungernden die Nahrung verwehrt. Wir haben den Overkillfaktor 50 erreicht, wir können uns gegenseitig fünfzigmal ausrotten, als ob einmal nicht genügt.

Sprecher 3:
Wir rechnen damit, daß wir diesen unwürdigen Zustand der Bedrohung weiterhin dulden,
– weil die Rüstungsspirale immer noch weitergeschraubt wird,
– weil die Betreiber der Rüstungssteigerung diese Aufrüstung immer noch mit dem Argument des Gleichgewichts des Schreckens rechtfertigen,
– weil es unmöglich geworden ist, die Waffen und ihre Verbreitung zu kontrollieren,
– weil die Verhandlungen der Großmächte über Abrüstung bisher beschämend ergebnislos blieben,
– weil der Friede hier in Europa auch in diesem September 1983 auf der gegenseitig angedrohten Vernichtung beruht.

Sprecher 2:
„Selig, die keine Gewalt anwenden, denn sie werden das Land erben. Selig, die Frieden stiften, denn sie werden Kinder Gottes genannt werden."

Sprecher 3:
Friede wird aber nicht, wenn es die UNO einstimmig beschließt. Friede wird nicht, wenn die Waffendepots und Atombombenarsenale der Großmächte im Gleichgewicht gehalten werden.

Sprecher 2:
Friede wird, wenn wir einander verzeihen, wenn wir unsere Kinder ohne Gewaltanwendung erziehen, wenn wir andere nicht wie Minderwertige behandeln. Als Angehörige einer ethnischen Minderheit sage ich: Friede wird, wenn andere Nationalitäten, Rassen und Sprachen auch in Österreich nicht diskriminiert werden.

Sprecher 1:
„Selig, die keine Gewalt anwenden, denn sie werden das Land erben. Selig, die Frieden stiften, denn sie werden Kinder Gottes genannt werden."

Sprecher 3:
Friede wird, wenn wir in unseren Gemeinschaften die Ursachen von Aggression – die Unterdrückung, die Ungleichheit, den Leistungsdruck und die Lüge – zu beseitigen suchen.

Sprecher 1:
„Selig, die Frieden stiften, denn sie werden Kinder Gottes genannt werden."

Sprecher 2:
Friede wird, wenn wir uns mit uns selbst versöhnen. Erst wenn ich ja zu mir sage, erst wenn ich mich annehmen kann, so wie ich bin, kann Friede in mir einkehren.

Sprecher 3:
Friede wird, wenn wir Gott in unser Leben einlassen, wenn wir uns mit Gott versöhnen.

Sprecher 1:
„Selig, die Frieden stiften, denn sie werden Kinder Gottes genannt werden.

Sprecher 2:
Einmal wird zerstreut die Finsternis, und das Land, das jetzt schwer in Rüstung liegt, bleibt nicht im Gleichgewicht des Schreckens. Es wird schauen ein großes Licht.
Dann wird das Leben ein Fest.

Sprecher 3:
Das wird ein Fest sein, wenn wir aus Schwertern Pflugscharen schmieden, damit alle Hungernden satt werden. Dann wird das Leben ein Fest.

Sprecher 1:
Das wird ein Fest sein, wenn niemand mehr mit Kindern für den Krieg übt im Wehrkundeunterricht und wir die Uniformen an den Nagel hängen, dann wird das Leben ein Fest.

Sprecher 2:
Das wird ein Fest sein, wenn keine Arbeitsplätze und Exportmärkte mehr gesichert werden müssen mit Panzerwagen und Scharfschützengewehren, dann wird das Leben ein Fest.

Sprecher 3:
Das wird ein Fest sein, wenn nicht mehr zurückgeschossen wird, sondern wir miteinander reden. Wenn die Gewaltlosen und Friedfertigen „selig" genannt werden und nicht mehr nützliche Idioten, dann wird das Leben ein Fest.

Sprecher 1:
Das wird ein Fest sein, wenn Mütter wieder guter Hoffnung sind und ihre Kinder auch gebären, dann wird das Leben ein Fest.

Sprecher 2:
Das wird ein Fest sein, wenn sich versöhnt: der Mann mit der Frau, der Feind mit dem Feind, der Mensch mit der Natur, jeder mit sich selbst und wir alle mit Gott, wenn wir hingehen und den Frieden bringen, jeder seinem Nächsten, dann wird das Leben ein Fest. Dann werden wir frei sein und in Frieden leben.

Begegnung mit den Verantwortlichen der christlichen Kirchen in Österreich

Erstmals waren am 11. September 1983 in den frühen Morgenstunden Verantwortliche aller christlichen Kirchen im Lande ins Erzbischöfliche Haus gekommen, um mit Papst Johannes Paul II. in einer schlichten Gebetsstunde zusammenzutreffen.

In seiner Begrüßungsadresse erklärte Kardinal König:

Heiliger Vater,
Sehr geehrte Festversammlung!

Ort: Erzbischöfliches Palais
Zeit: 11. September, 8.15 Uhr.

In dieser historischen feierlichen Stunde begrüße ich sehr herzlich den Heiligen Vater Papst Johannes Paul II. und Sie alle, die Sie uns die Ehre Ihrer Anwesenheit geben.

Nach dem gemeinsamen Gebet und den Ansprachen werde ich Gelegenheit haben, jeden von Ihnen persönlich dem Heiligen Vater vorzustellen.

„Ökumene in Österreich" soll das Thema unserer Besinnung und Begegnung am Morgen dieses 11. September 1983 sein. Seit dem Abschluß des II. Vatikanischen Konzils haben wir viele Schritte vom Gegeneinander zum Nebeneinander und Miteinander versucht; ja manchmal haben wir sogar zum Füreinander gefunden.

Dennoch wissen wir um das Viele, das noch vor uns liegt, bevor wir so glaubwürdig unseren gemeinsamen Herrn des Friedens und der Versöhnung bekennen, daß uns die Welt glauben kann.

Möge diese Begegnung neue Perspektiven eröffnen, Ängste abbauen und vertrauensvolle Impulse für die nächste Zukunft geben. Unsere gemeinsame Antwort vor dem Herrn der Kirche und der Welt ist groß.

Ich lade Sie ein, gemeinsam im Vertrauen auf den anwesenden Herrn für die Kirche zu beten.

Namens der Orthodoxie richtete der griechisch-orthodoxe Metropolit Dr. Chrysostomus Tsiter folgende Ansprache an den Papst:

Eure Heiligkeit!

Es hat mich tief bewegt, daß die Österreichische Bischofskonferenz und ihr Vorsitzender, Seine Eminenz Kardinal Franz König, mich, als den Ältesten des geistlichen Standes der Orthodoxen Kirche in Wien, eingeladen haben, um Eure Heiligkeit im Rahmen der Feierlichkeiten des Österreichischen Katholikentages anzusprechen, welcher unter dem Schutz und Schild Eurer Heiligkeit und mit Beteiligung der Gläubigen aller Kirchen und der Vertreter der bahnbrechenden Stiftung „Pro Oriente" mitten im Heiligen Jahr stattfindet.

Die Anwesenheit Eurer Heiligkeit bei dem Österreichischen Katholikentag in dieser großen und historischen Hauptstadt der europäischen Kultur, der religiösen Gleichheit und der freien sozialen Gerechtigkeit bildet den Gipfel des feierlichen Ausdruckes des Bekenntnisses des österreichischen Katholiken zum christlichen Glauben, der als Kreuz der Liebe und der Aufopferung erlebt und verwirklicht wird.

Die persönliche Anteilnahme Eurer Heiligkeit an dem Österreichischen Katholikentag zum Gedächtnis an das historische Ereignis für Europa vor 300 Jahren und Ihr bevorstehender Besuch im Wallfahrtsort Mariazell hebt hervor und verewigt das Gedächtnis an den Sieg des Kreuzes und der höchsten menschlichen Werte.

Wir Anhänger des christlichen Glaubens, die aus dessen reichen Quellen trinken, uns erfrischen und erfreuen, schreitend auf dem Weg zu der reinen Urquelle, begleitet vom Geist der großen Kirchenoberhäupter Athenagoras I., Johannes XXIII., Paul VI., Dimitrios I. und Eurer Heiligkeit, feiern mit und empfangen den Segen Eurer Heiligkeit und beten zusammen, daß bald das Gebet unseres Herrn Jesus Christus, „daß alle eins seien", in Erfüllung geht.

Eure Heiligkeit fliegt unermüdlich in alle Länder der Erde, als echter Nachahmer des Apostels Paulus, und stärkt die Seelen der Gläubigen des Herrn, die Träger des Kreuzes des Unrechtes, der Furcht und der blinden Macht sind, öffnet für sie die Quellen des Glaubens und verwandelt die Tage der Ängste in Tage der Hoffnung.

Voll Zuversicht verfolgt die Menschheit die Reisen Eurer Heiligkeit und sieht in der Person des Papstes von Rom den Vorboten des Friedens auf Erden.

Möge Gott der Allmächtige Eure Heiligkeit schützen und Euer Werk segnen.

„Der Gott des Friedens heilige euch ganz und gar und bewahre euren Geist, eure Seele und euren Leib unversehrt" (1 Thess 5, 23).

„Und der Friede Gottes, der alles Verstehen übersteigt, wird euer Herz und eure Gedanken in der Gemeinschaft mit Christus Jesus bewahren. Amen" (Phil 4, 7).

Der Vorsitzende des Oberkirchenrates Augsburger und Helvetischen Bekenntnisses in Österreich, Bischof Mag. Dieter Knall, richtete an den Heiligen Vater folgendes Grußwort:

Eure Heiligkeit, geehrter Bischof von Rom, lieber Bruder in Christo!

Als Bischof und Vorsitzender des Evangelischen Oberkirchenrates Augsburgischen und Helvetischen Bekenntnisses in Österreich habe ich die Freude und Ehre, Sie als Oberhaupt der römisch-katholischen Schwesterkirche grüßen und einige Worte an Sie richten zu dürfen. Ich tue dies auch im Namen des Vorsitzenden des Ökumenischen Rates der Kirchen in Österreich, Herrn Oberkirchenrat Peter Karner, der ebenfalls unter uns weilt.

Wir finden uns wieder in dem apostolischen Lobpreis des Epheserbriefes, der in Luthers deutscher Übersetzung lautet: „Gelobt sei Gott, der Vater unseres Herrn Jesu Christi, der uns gesegnet hat mit allerlei geistlichem Segen in himmlischen Gütern durch Christum . . . in welchem wir haben die Erlösung durch sein Blut, die Vergebung der Sünden, nach dem Reichtum seiner Gnade, welche uns reichlich widerfahren ist . . . auf daß wir etwas seien zu Lob seiner Herrlichkeit, die wir zuvor auf Christum hofften" (Eph 1, 3.7.12).

Die sechste Vollversammlung des Ökumenischen Rates der Kirchen ließ Reichtum und Segen des Vaters unseres Herrn Jesu Christi in Vielfalt und Fülle erneut vor unsere Augen treten. Als die Delegierten fast aller christlichen Kirchen unseres Erdkreises das Lob Gottes anstimmten und miteinander bekannten, im Hören auf sein Wort leben und handeln zu wollen, gedachte ich im Gebet meiner Brüder und Schwestern aus Ihrer, der römisch-katholischen Kirche, nicht ohne Ihre Abwesenheit als Vollmitglied schmerzlich zu empfinden.

Die dankbar aufgenommenen Grüße, die Sie dem Generalsekretär des Ökumenischen Rates der Kirchen übermittelten, machten den in Vancouver versammelten Vertretern aus der weltweiten Christenheit ebenso bewußt, daß eine Schwesterkirche in der konziliaren Gemeinschaft auf dem Weg zur Einheit in versöhnter Verschiedenheit fehlt. Wir vermissen sie.

Dankbar hingegen blicken wir hier in unserer Heimat auf die positive Entwicklung der zwischenkirchlichen Verhältnisse. Der Wandel ist offenkundig und wird eindrucksvoll sichtbar, wenn man den letzten Besuch eines Papstes in Österreich vor rund 200 Jahren mit dem Ihren vergleicht. Während Ihr Vorgänger Pius VI. die damals beschwerliche Reise in einer Kutsche von Rom nach Wien unternahm, um den Kaiser zu bewegen, etliche seiner kirchlichen Reformen, insbesondere das Toleranzpatent, zurückzunehmen, durch das die gegenreformatorischen Maßnahmen eingestellt und den Akatholiken bescheidene Existenzrechte in Österreich wieder zugestanden wurden, bekunden Sie eben diesen Brüdern und Schwestern in Christus offen und unbefangen Ihre Aufmerksamkeit. Diese Tatsache wird vielen evangelischen Christen, die von Vorbehalten gegenüber der römisch-katholischen Kirche angesichts einer so leidvoll erfahrenen Geschichte immer noch nicht frei sind, zur Bewältigung der Vergangenheit hilfreich sein.

Als evangelischer Bischof danke ich Ihnen und ebenso den römisch-katholischen Mitbischöfen, die nicht nur Verständnis für unsere Empfindlichkeit haben, sondern Willens sind, in aufrichtiger Gesinnung der Führung durch den Heiligen Geist zu vertrauen und nach Möglichkeiten zu suchen, um gemeinsam mit den kleineren Kirchen in unserem Land das Miteinander der Christen zum Segen unseres Volkes noch überzeugender zu verwirklichen.

Der ökumenische Aufbruch ist, wie wir meinen, eine der großen Gaben Gottes an seine Kirche im 20. Jahrhundert. Aus dem konfessionellen Gegeneinander und späterem Nebeneinander ist vielfach ein konfessionelles Miteinander geworden, und nicht wenige träumen vom notwendigen konfessionellen Füreinander. Ich gehöre auch zu jenen, die den Kairos dafür gekommen sehen und Gottes Stunde nicht versäumen möchten. Freilich bekenne ich ebenso freimütig wie dankbar, daß Gott durch Jahrhunderte das Dienstamt in der evangelischen Kirche bestätigt und mit geistlicher Vollmacht ausgestattet hat. Er hat viele Generationen von Menschen durch die geordnete Wortverkündigung und Sakramentsverwaltung des evangelischen Pfarrers in den Leib seiner Kirche eingegliedert und gesegnet für Zeit und Ewigkeit.

Es ist niemals bestritten worden, daß solcher Dienst der Diakonie Gottes auch innerhalb der römisch-katholischen Kirche und ihrer Strukturen geschieht. Seit dem Zweiten Vatikanischen Konzil bezeugt auch sie mit klaren Worten Gottes Wirken außerhalb der eigenen Kirchengemeinschaft, ohne in gleicher Weise die

Liste der teilnehmenden Personen

Erzbischof Dr. Chrysostomus Tsiter
Metropolit von Austria

Archimandrit Michal Staikos
Pfarrer der griechisch-orthodoxen Gemeinde in Wien
(Patriarchat Konstantinopel)

Erzbischof Ireney
Pfarrer Erzpriester Pawel Krasnotsvétov
(Patriarchat Moskau)

Pfarrer Drago Govedarica
(Patriarchat Belgrad)

Metropolit Erzbischof Adrian Hritcu
(zuständiger Bischof für Österreich)

Pfarrer Dr. Marin M. Braniste
(Patriarchat Bukarest)

Pfarrer Erzpriester Iwan Petkin
(Patriarchat Sofia)

Prälat Dr. Mesrob K. Krikorian
Patriarchal-Delegat für die Diözese Mitteleuropa
(Armenisches Katholikat Etschmiadzin)

Metropolit Athanasius
(zuständiger Bischof für Österreich)
Diözese Beni Sneif
Vater Johannes El Baramousy
(Koptisch-orthodoxe Kirche)

Erzbischof Kulius Yeshu Cicek
Erzdiözese der Syrisch-orthodoxen Kirche für Mitteleuropa
Pfarrer Aydin Emanuel Aydin
(Syrisch-orthodoxe Kirche)

Anerkennung des umfassenden Heilshandelns Gottes im Amt der reformatorischen Kirchen auszusprechen. Ihre Zurückhaltung gegenüber unserer Bereitschaft zur gastweisen Teilnahme der Gläubigen am Abendmahl – Eucharistiefeier – in beiden Kirchen unterstreicht diesen Tatbestand. Zunehmend aber drängt sich in dieser uns alle beschwerenden Situation die Frage auf, ob Christus – der alleinige Herr und Spender seines Mahles – aus dem gemeinsamen Hören auf sein Wort, aus der gehorsamen Annahme seiner Einladung und aus der gemeinsam erfahrenen Communio als der von Gott geschenkten Gemeinschaft mit ihm und untereinander nicht auch neuen gemeinsamen Glauben wachsen und heranreifen lassen will?

Ich sehe vor mir die vielen Brüder und Schwestern, die Gott in einer konfessionell gemischten Ehe zusammengeführt hat und segnet. Ich sehe vor mir die vielen Ehepaare, die als Christen in bewußt verantworteter Elternschaft versuchen, ihr Leben nach Gottes Geboten zu gestalten. Ich sehe vor mir die vielen Männer und Frauen, verheiratete und unverheiratete, die bereit sind, Gottes Ruf zu allen Diensten in der Kirche zu folgen, und bitte Sie, auch den geordneten Dienst der Frau im evangelischen Pfarramt nicht als Mißachtung ökumenischer Gemeinschaft und gegenseitiger Verantwortung zu deuten, sondern vielmehr als eine im Evangelium gründende Möglichkeit, der sich viele reformatorische Kirchen inzwischen geöffnet und Gottes segensreiches Wirken überraschend erfahren haben. Mit dem Dank an den Vater unseres Herrn Jesu Christi, dessen Heiliger Geist uns ermutigt, darf ich unserer Hoffnung Ausdruck geben, die sich der Zukunft zuwendet:

Lassen Sie uns miteinander aus großer Freude über Gottes Reichtum in der Christenheit die aus dem Evangelium lebende eine, heilige, katholische und apostolische Kirche festhalten, die wir einmütig glauben und bekennen;
lassen Sie uns einander in Demut und Liebe ebenso achten wie anerkennen und gemeinsam trachten, den Dienst wahrzunehmen, zu dem sich alle Christen von ihrem Herrn und Heiland herausgefordert wissen.

Seien Sie versichert, daß wir uns in ökumenischer Offenheit und Verantwortung bemühen, der apostolischen Weisung aus den beiden Petrusbriefen zu entsprechen, die in so unübertrefflicher Weise formulieren, was unser Christenleben auszeichnet:

„Seid allezeit bereit zur Verantwortung gegenüber jedermann, der Rechenschaft fordert der Hoffnung, die in euch ist" (1 Petr 3, 15) und:

„Wachset aber in der Gnade und Erkenntnis unseres Herrn und Heilandes Jesu Christi. Dem sei Ehre nun und zu ewigen Zeiten. Amen" (2 Petr 3, 18).

Abschließend richtete Johannes Paul II. an die Verantwortlichen der christlichen Kirchen in Österreich folgende Ansprache:

Verehrte Brüder in dem einen Herrn!

„Der Prozeß der Versöhnung unter den Christen der verschiedenen Traditionen hat zu sichtbaren Ergebnissen geführt. Ich möchte Sie ermutigen, in Ihren Bemühungen fortzufahren."

1. Wir haben in dieser Morgenstunde gemeinsam zu Gott, unserem Vater, gebetet und dabei erlebt, wie tief wir durch die eine Taufe und den christlichen Glauben in dem einen Herrn Jesus Christus verbunden sind und wie wir alle aus diesen Quellen gespeist werden. Darum möchte ich Sie jetzt ganz bewußt als Brüder ansprechen.

   Mit großer Freude und Dankbarkeit nehme ich die Gelegenheit wahr, heute mit Ihnen, den Verantwortlichen der christlichen Kirchen in Österreich, zusammen zu sein. Ein besonderes Wort des Dankes gilt Ihnen, dem hochwürdigsten Herrn Metropoliten Dr. Tsiter, und Ihnen, Herr Landesbischof Magister Knall, für Ihre freundlichen Grußadressen und die in ihnen enthaltenen Anregungen. Wir dürfen uns freuen, daß diese auf verschiedenen Ebenen schon weitgehend Gegenstand des ökumenischen Gesprächs sind.

   Unser Lob und Dank strebt über alle brüderlichen Worte und Zeichen hinaus zum Geber aller Gaben, der die Seinen instand gesetzt hat, sich in dieser Gemeinschaft des einen Geistes heute zu begegnen.

2. Wir alle blicken bei dieser Zusammenkunft bewegt zurück über den Lauf der Jahrhunderte, in denen Österreich – wie manche andere europäische Länder – durch die Wirren konfessioneller Auseinandersetzungen erschüttert wurde. Das kirchliche, kulturelle und gesellschaftliche Leben des Landes war geprägt von religiöser Zwietracht, ja von feindseliger Intoleranz, Unterdrückung und Verfolgung. Gerade als Christen wissen wir um die Begrenztheit und Schwäche

des Menschen, um die Möglichkeit des Versagens vor dem hohen und lauteren Anspruch des Evangeliums. Die Schuld, die Christen tatsächlich auf sich geladen haben, darf nicht geleugnet werden. Sie wartet immer neu auf Bekenntnis und Vergebung. Damit urteilen wir nicht über eine Vergangenheit, deren Erben wir selbst sind und die nur in ihren besonderen geschichtlichen Umständen verstanden werden kann.

Mit der schmerzlichen Erinnerung und der Bitte um Vergebung verbindet unsere Kirche gemäß dem Willen des II. Vatikanischen Konzils die ernsthafte Bereitschaft, die unheilvollen Folgen der Vergangenheit zu überwinden. Mit der Erklärung über die Religionsfreiheit und dem Dekret über den Ökumenismus ist uns der Weg in die Zukunft gewiesen, der neue Horizonte der Hoffnung auf eine wachsende Einheit und Gemeinschaft der Christen erschließt.

Der vom Konzil ausgestreute Samen hat hierzulande bereits deutlich Wurzeln geschlagen. Der Prozeß der Versöhnung unter den Christen der verschiedenen Traditionen hat zu sichtbaren Ergebnissen geführt. Ich möchte Sie ermutigen, in Ihren Bemühungen fortzufahren.

3. Es freut mich in besonderer Weise, daß die katholische Kirche in Österreich sich seit Jahren ihrer ökumenischen Verantwortung auch weit über die Grenzen des Landes hinaus bewußt ist. Sie versucht eine Brücke zu bilden, auf der sich Ost und West, Nord und Süd begegnen. Dem Erzbischof von Wien, dessen segensreicher Einsatz für die Weltkirche und die Ökumene weit bekannt ist, verbindet sich das Wirken von engagierten Theologen, Priestern und Laien, die je auf ihre Weise dem Ruf unseres Herrn zu entsprechen versuchen. Ich weiß auch mit Freude darum, daß Sie seit Jahren eine betende Gemeinschaft sind. Besonders die „Ökumenische Morgenfeier" hat ja schon eine segensreiche Tradition.

Durch den Stiftungsfonds „Pro Oriente" hat die katholische Kirche einen bedeutsamen Beitrag im Dialog mit der Orthodoxen Kirche geleistet, und durch das ekklesiologische Kolloquium „Koinonia" hat sie geholfen, den Weg zum offiziellen theologischen Dialog zwischen der Orthodoxen Kirche und der römisch-katholischen Kirche zu ebnen. Ebenso wurden brüderliche Kontakte zu den Altorientalischen Kirchen in den sogenannten „Lainzer Gesprächen" gepflegt. Mögen alle diese Arbeiten in großem gegenseitigen Vertrauen, mit aufrichtiger Hochachtung und Liebe segensvoll weitergeführt werden.

Auch die Gespräche zwischen katholischen und evangelischen Theologen haben dazu beigetragen, traditionelle Vorurteile abzubauen, haben ein neues Klima des Miteinander geschaffen und sogar Weichen für die Durchführung von gemeinsamen pastoralen Programmen gestellt. Solche Schritte auf Landesebene sind unverzichtbare Elemente der umfassenden ökumenischen Bewegung. Sie stützen und inspirieren in wechselseitigem Austausch die Lebensvorgänge und Entwicklungen im Ganzen des Volkes Gottes. So erst gedeiht eine rechte Weggemeinschaft zwischen allen, die das Zeichen Christi auf der Stirn tragen.

Mein Dank gilt allen Mitgliedern und Beratern der offiziellen Gesprächskommissionen. Ihre Arbeit findet auch im Päpstlichen Einheitssekretariat Beachtung und Anerkennung.

4. Mit besonderer Genugtuung und Zuversicht erfüllt uns der Gedanke, daß die katholische Kirche Österreichs sich in diesen Tagen zu einem Katholikentag versammelt hat, der die Türen für alle Gäste offen hält, die durch das einigende Band der Taufe auf den Namen des Dreifaltigen Gottes in einer echten, wenn auch noch nicht vollen Gemeinschaft mit dieser unserer Kirche stehen. Der Geist dieser großen Zusammenkunft wie seine äußere Form sind bewußt geprägt vom Willen zu christlicher Offenheit füreinander, zur gegenseitigen geistlichen Stärkung und Bereicherung, zur Sammlung für ein gemeinsames Zeugnis und zur Sendung in eine Welt, die sich nach Licht und Wärme sehnt.

Diese Ausrichtung des Katholikentages entspricht einem wesentlichen Anliegen, welches das Zweite Vatikanische Konzil im Ökumenismusdekret proklamiert hat. Dort ermahnt es „alle katholischen Gläubigen, daß sie, die Zeichen der Zeit erkennend, mit Eifer an dem ökumenischen Werk teilnehmen" (Nr. 4). Ferner betont es: „Die Sorge um die Wiederherstellung der Einheit ist Sache der ganzen Kirche, sowohl der Gläubigen wie auch der Hirten, und geht jeden an, je nach seiner Fähigkeit, sowohl in seinem täglichen christlichen Leben wie auch bei theologischen und historischen Untersuchungen" (Nr. 5).

5. Verehrte Brüder! Unsere Begegnung findet zu einer Zeit statt, wo die evangelischen Christen sich auf vielfältige Weise des 500. Geburtstages von Martin Lu-

Bischof Mag. Dieter Knall
Vorsitzender des Oberkirchenrates A. und H. B. in Österreich
Oberkirchenrat Dr. Hans Fischer
Oberkirchenrat Mag. Pfarrer Paul Jung
Dr. Günter Sagburg
Vorsitzender der Synode A. B.
Superintendent Mag. Hellmut Santer (Niederösterreich)
Superintendent Mag. Herwig Karzel (Oberösterreich)
Superintendent Mag. Wolfgang Schmidt (Salzburg)
Superintendent Mag. Werner Horn (Wien)
(Evangelische Kirche Augsburger Bekenntnisses)

Landessuperintendent Dr. Imre Gyenge
Oberkirchenrat Pfarrer Mag. Peter Karner
(derzeit auch Vorsitzender des Ökumenischen Rates der Kirchen in Österreich)
Synodalkurator Dipl.-Ing. Hanns Mundorff
(Evangelische Kirche Helvetischen Bekenntnisses)

Bischof Nikolaus Hummel
Dr. Franz Speierl
Präsident des Synodalrates
(Altkatholische Kirche in Österreich)

Canon Geoffrey John Phillips, Chaplain in Wien, ist auch offiziell mit der Vertretung von Rev. John R. Satterwhaite, Bishop of Gibraltar in Europe, beauftragt
(Anglikanische Kirche)

Superintendent Pastor Helmut Nausner
(Methodistenkirche in Österreich)

Prälat Dr. Alfred Kostelecky
Sekretär der Österreichischen Bischofskonferenz
Christine Gleixner, Frauen von Bethanien
(Verantwortlich für den Bereich Ökumene beim Österreichischen Katholikentag)
(Römisch-katholische Kirche)

„Nach Jahrhunderten des polemischen Gegeneinander oder kühlen Nebeneinander haben wir uns im wahren Sinne des Wortes ‚wiederentdeckt', in unserem gemeinsamen Fundament des Glaubens an den einzigen Herrn und Heilsbringer Jesus Christus, aber auch in der Suche nach der je tieferen und umfassenderen Fülle der Offenbarung."

„Dank sei dem Herrn, der uns berufen hat, in dieser Zeit des Heils auf dem Weg der Pilgerschaft am Ende des zweiten Jahrtausends unserer Erlösung der Einheit seines Volkes demütig zu dienen."

ther und Huldrych Zwingli erinnern. Diese Daten gehören zu unserer gemeinsamen Geschichte. Wir sind Erben jener geschichtsmächtigen Ereignisse der Reformationszeit, deren Auswirkungen wir uns heute noch stellen müssen. Nach Jahrhunderten des polemischen Gegeneinander oder kühlen Nebeneinander haben wir uns im wahren Sinn des Wortes „wiederentdeckt" in unserem gemeinsamen Fundament des Glaubens an den einzigen Herrn und Heilsbringer Jesus Christus, aber auch in der Suche nach der je tieferen und umfassenderen Fülle der Offenbarung. Für diese Bereitschaft zu Verständigung möchte ich gerade hier in Wien an die Gestalt jenes großen Zeugen des Evangeliums erinnern, in der die versöhnende Kraft des Erlösungswerkes Jesu Christi in Wort und Tat vor den Menschen sichtbar wurde. Ich meine den Stadtpatron, den heiligen Klemens Maria Hofbauer. Er hat in der Kirche leuchtende Spuren hinterlassen, indem er aufrichtige Verständigungsbereitschaft gegenüber der reformatorischen Christenheit im Geist der Wahrheit und Liebe zu verkörpern suchte. Er hat uns gezeigt, daß wir die Last der Geschichte unserer Trennungen jenseits von Polemik und gegenseitigen Entstellungen nur in demütigem Hinhören und brüderlicher Begegnung bewältigen können.

6. In allen unseren Bemühungen bleiben wir eingedenk jenes wichtigen Prinzips der Heilsgeschichte: „Ich habe gepflanzt, Apollo hat begossen, Gott aber ließ wachsen. So ist weder der etwas, der pflanzt, noch der, der begießt, sondern nur Gott, der wachsen läßt . . . Denn wir sind nur Gottes Mitarbeiter . . ." (1 Kor 3, 7ff.).

Hat die Einheit der Kirche ihre letzte und absolute Begründung im Geheimnis des Dreifaltigen Gottes, in der Einheit und Gemeinschaft der drei göttlichen Personen, so sucht das von Gott berufene Volk aus der Kraft dieses uns alle umgreifenden Geheimnisses zu leben: In der Vielfalt der Gaben des Heiligen Geistes verwirklicht es die Koinonia; im Bekenntnis zum Kyrios Jesus Christus erblickt es das Fundament und die Quelle der allen gemeinsamen Berufung.

Erst kürzlich haben die zur Vollversammlung des Ökumenischen Rates der Kirchen in Vancouver anwesenden Christen in ihren gemeinsamen Gebeten und Meditationen dieses tiefe Geheimnis bedacht und in ihrem geistlichen Miteinander Jesus Christus als das Leben der Welt bekennen und preisen können.

Dank sei dem Herrn, der uns berufen hat, in dieser Zeit des Heils, auf dem Weg der Pilgerschaft am Ende des zweiten Jahrtausends unserer Erlösung, der Einheit seines Volkes demütig zu dienen. Wir sind dabei von der unverbrüchlichen Hoffnung geleitet, daß wir eines Tages mit einer Zunge Gott, unseren Vater, anbeten werden im Geist und in der Wahrheit (vgl. Joh 4, 24).

Festgottesdienst

„Unsere Hoffnung ist Jesus Christus"

Rund 350.000 Menschen aus ganz Mitteleuropa feierten am 11. September mit Papst Johannes Paul II. trotz extrem schlechten Wetters im Wiener Donaupark die festliche Eucharistie.

Der Vorsitzende der Österreichischen Bischofskonferenz und Erzbischof von Wien, Kardinal Dr. Franz König, begrüßte den Heiligen Vater mit folgenden Worten:

Ort: Wiener Donaupark
Zeit: 11. September, 10.15 Uhr
Teilnehmer: 350.000

Vor Beginn des festlichen Gottesdienstes hier im Wiener Donaupark begrüße ich bewegten Herzens den Nachfolger des Apostels Petrus als Hauptzelebranten inmitten einer kaum übersehbaren Schar, ein Schauspiel, wie es dieser Platz noch nie gesehen hat. Ich entbiete einen herzlichen und ehrfurchtsvollen Gruß namens der viel größeren Teilnehmerzahl über die Fernsehstationen.

Wir befinden uns am nördlichen Donauufer der Stadt mit dem Blick auf jene Bezirke, die als Wiener Arbeiterbezirke bekannt geworden sind. In nächster Nähe ziehen die Ausfahrtsstraßen vorbei, die aus der Großstadt in das schöne ländliche Gebiet des nördlichen Niederösterreichs führen, wo viele Wiener zum Wochenende Erholung suchen. Diese kleine Völkerwanderung zum Wochenende bringt manches seelsorgliche Problem für Stadt und Land.

Daten, Zahlen, Details: Das Kolpingwerk Österreichs stellte für den Festgottesdienst 1800 Ordner. Auch diesmal hatte die ,,Arbeitsgemeinschaft für Nichtseßhaftenhilfe" die Nacht zuvor ,,Katholikentagsstockerl" aufgebaut. Nach dem großen Ereignis räumten dann Schüler und Schülerinnen der Neuland-Schule und Pfadfinder zwei Tage lang im Wiener Donaupark wieder auf.
Das Altarpodium war von dem Grazer Architekten Jörg Mayr entworfen worden. 6500 Stück Grünpflanzen und 1800 Blumenstöcke verwandelten das Podium in einen Wiesenhügel.
1550 Sänger von Dom- und Kirchenchören aus ganz Österreich gestalteten den musikalischen Teil der Eucharistiefeier. Dazu kam noch eine rhythmische Gruppe des Musikgymnasiums Klagenfurt sowie der Bläserkreis Oberschützen.

In Sichtweite liegt die UNO-City mit ihren weltweiten Organisationen, denen Österreich mit großem Interesse Heimatrecht gewährt. Wir sehen darin ein Zeichen der Verbundenheit mit allen Völkern in friedlicher Zusammenarbeit. Von dort geht der Blick auf Kahlenberg und Leopoldsberg, wo die Geschichte die Jahreszahl 1683 hineingeschrieben hat.

Eine Autostunde von hier entfernt ist die Staatsgrenze im Osten gegen Ungarn, die tschechoslowakische Grenze im Norden und etwas weiter entfernt die jugoslawische Staatsgrenze im Süden. Über diese Grenzen wollen wir gerade heute geistige Brücken schlagen, um uns mit allen Teilnehmern aus westlichen und östlichen Nationen an die gemeinsamen geschichtlichen Fundamente zu erinnern, auf denen Europa gewachsen ist.

Der Katholikentag erreicht heute seinen krönenden Abschluß. Wir sind im Namen des Herrn um diesen neu errichteten Altar und um dieses Kreuz versammelt, um mit dem Heiligen Vater das zu tun, was der Herr durch sein Wort und Beispiel uns zu tun aufgetragen hat – ,,Tut dies zu meinem Gedächtnis". Wir beten mit dem Oberhaupt der katholischen Kirche, daß die Ansätze religiöser Erneuerung in Österreich noch mehr erstarken durch einen persönlichen und missionarischen Glauben. In der erneuerten Hoffnung und Zuversicht sehen wir die bleibende Frucht dieser Tage.

Heiliger Vater, wir empfehlen die Kirche dieses Landes, die Gemeinschaft der an Christus Glaubenden Ihrem Gebet und der Stärkung durch Ihr Wort.

In seiner Homilie erklärte der Papst – ausgehend vom Sonntagsevangelium Lk 15, 1–32:

,,Ich will aufbrechen und zu meinem Vater gehen" (Lk 15, 18).
Liebe Brüder und Schwestern!

,,Ich will aufbrechen und zu meinem Vater gehen! In jenem tiefen Gleichnis Christi ist eigentlich das ganze ewige Drama des Menschen enthalten: das Drama der Freiheit, das Drama einer schlecht genutzten Freiheit."

1. Aus der Mitte des heutigen Evangeliums treffen uns diese Worte. Sie bekommen eine besondere Bedeutung beim Abschluß dieses Katholikentages, dessen Thema ,,Hoffnung leben – Hoffnung geben" die Perspektiven unserer Hoffnung eröffnet. Ja, jene Worte aus dem Evangelium enthalten tatsächlich die Perspektiven der Hoffnung, die Jesus Christus uns offenbart hat, als er mit seiner Frohen Botschaft das ganze Leben des Menschen in ein neues Licht stellte.

   Die heutige festliche Abschlußmesse gibt mir die Gelegenheit, im Geiste gemeinsamer christlicher Hoffnung alle Teilnehmer an dieser Eucharistiefeier sowie am gesamten Katholikentag aufs herzlichste zu begrüßen.

   Ich grüße die Gläubigen aus den verschiedenen Diözesen Österreichs. Mein Besuch hier in Wien gilt zugleich allen Orten ihrer nahen oder fernen Heimat. Meinen mitbrüderlichen Gruß richte ich sodann an die hier anwesenden Kardinäle und Bischöfe, an ihrer Spitze den verehrten Herrn Kardinal König, an die Priester und Diakone wie auch an die Vertreter der christlichen Bruderkirchen und anderen Glaubensgemeinschaften. Ebenso aufrichtig begrüße ich die hohen Persönlichkeiten aus Staat und Gesellschaft, die an diesem festlichen Abschlußgottesdienst teilnehmen. Schließlich grüße ich mit Freude die zahlreichen Gäste die aus vielen anderen Ländern, auch aus dem Osten, zu dieser Eucharistiefeier gekommen sind.

2. Ihr, liebe Österreicher, habt Euren Katholikentag unter das Thema der Hoff-

nung gestellt. Ihr wißt aus eigener Erfahrung, daß heute viele Menschen, junge und alte, die Hoffnung verloren haben. Aber ohne Hoffnung kann man auf Dauer nicht leben! Wie also finden wir wieder Hoffnung? Wie können wir anderen den Weg zur Hoffnung weisen?

Das Gleichnis, das wir soeben im Evangelium gehört haben, spricht von einem jungen Mann, der stolz und selbstbewußt sein Vaterhaus verließ und in die Ferne zog, weil er dort mehr Freiheit und Glück erhoffte. Als aber sein Vermögen dahin war und er in ganz neue, menschenunwürdige Abhängigkeiten geriet, schwand all seine Hoffnung. Bis er schließlich seine eigene Schuld eingestand, sich seines Vaters wieder erinnerte und sich aufmachte, um ins Vaterhaus zurückzukehren. Voller Hoffnung – gegen alle Hoffnung!

„Es gibt keine Freiheit ohne Bindung. Der Mensch ist verantwortlich für sich selbst, für die Mitmenschen und die Welt. Er ist verantwortlich vor Gott. Eine Gesellschaft, die Verantwortung, Gesetz und Gewissen bagatellisiert, bringt die Fundamente des menschlichen Lebens ins Wanken."

3. Genau an dieser Stelle des Evangeliums werden die Worte gesprochen: „Ich will aufbrechen und zu meinem Vater gehen." In jenem tiefen Gleichnis Christi ist eigentlich das ganze ewige Drama des Menschen enthalten: das Drama der Freiheit, das Drama einer schlecht genutzten Freiheit.

Von seinem Schöpfer hat der Mensch die Gabe der Freiheit erhalten. In seiner Freiheit kann er diese Erde ordnen und gestalten, kann er die wunderbaren Werke menschlichen Geistes schaffen, von denen dieses Land und die Welt voll sind: Wissenschaft und Kunst, Wirtschaft und Technik, die gesamte Kultur. Die Freiheit befähigt den Menschen zu jener einmaligen Gestalt der menschlichen Liebe, die nicht bloß Folge natürlicher Anziehung ist, sondern eine freie Tat des Herzens. Die Freiheit befähigt ihn – als höchste Tat menschlicher Würde – Gott zu lieben und anzubeten.

„Liebe ist stärker als Schuld."

Die Freiheit hat aber ihren Preis. Alle, die frei sind, sollten sich fragen: Haben wir in der Freiheit unsere Würde bewahrt? Freiheit bedeutet nicht Willkür. Der Mensch darf nicht alles tun, was er kann oder was ihm beliebt. Es gibt keine Freiheit ohne Bindung. Der Mensch ist verantwortlich für sich selbst, für die Mitmenschen und für die Welt. Er ist verantwortlich vor Gott. Eine Gesellschaft, die Verantwortung, Gesetz und Gewissen bagatellisiert, bringt die Fundamente des menschlichen Lebens ins Wanken. Der Mensch ohne Verantwortung wird sich in die Genüsse dieses Lebens stürzen und wie der verlorene Sohn in Abhängigkeiten geraten und seine Heimat und Freiheit verlieren. Er wird in rücksichtslosem Egoismus seine Mitmenschen mißbrauchen oder unersättlich materielle Güter an sich reißen. Wo die Bindung an die letzten Werte nicht anerkannt wird, zerfallen Ehe und Familie, wird das Leben des anderen, besonders des ungeborenen, des alten und kranken Menchen, gering geachtet. Aus der Anbetung Gottes wird die Anbetung des Geldes, des Prestiges oder der Macht.

Ist nicht die ganze Geschichte der Menschheit auch eine Geschichte der mißbrauchten Freiheit? Gehen nicht auch heute viele den Weg des verlorenen Sohnes? Sie stehen vor einem zerbrochenen Leben, vor verratener Liebe, in selbstverschuldeter Not, voll Angst und Verzweiflung. „Sie haben gesündigt und die Herrlichkeit Gottes verloren" (Röm 3, 23). Sie fragen sich: Wohin bin ich geraten? Wo zeigt sich ein Ausweg?

„Ehe und Familie sind heute in Gefahr. Darunter leiden so viele Menschen: die Ehepartner und noch mehr ihre Kinder, letztlich aber die ganze Gesellschaft."

4. Der verlorene Sohn im Gleichnis Christi ist der Mensch, der seine Freiheit schlecht genutzt hat. In diesem Gleichnis können wir die Folgen des Mißbrauchs der Freiheit – das heißt, der Sünde – sehen: jene Folgen, die auf dem Gewissen des einzelnen lasten, wie auch jene, die zu Lasten des Lebens der verschiedenen menschlichen Gemeinschaften und ihrer Umwelt gehen, ja sogar zu Lasten der Völker und der ganzen Menschheit. Sünde bedeutet eine Herabminderung des Menschen (vgl. II. Vat. Konzil, GS 13): sie widerspricht seiner wahren Würde und hinterläßt zugleich eine Wunde im sozialen Leben. Sünde hat von sich aus eine persönliche und eine soziale Dimension. Beide verdunkeln den Blick auf das Gute und nehmen dem menschlichen Leben das Licht der Hoffnung.

Das Gleichnis Christi läßt uns jedoch nicht stehen vor der traurigen Situation des in Sünde gefallenen Menschen mit all seiner Erniedrigung. Die Worte „Ich will aufbrechen und zu meinem Vater gehen" lassen uns im Herzen des verlorenen Sohnes die Sehnsucht nach dem Guten und das Licht untrüglicher Hoffnung erkennen. In diesen Worten eröffnet sich ihm die Perspektive der Hoffnung. Eine solche Aussicht ist uns immer gegeben, weil jeder Mensch und die ganze Menschheit zusammen aufbrechen können, um zum Vater zu gehen. Das ist die Wahrheit, die im Kern der Frohen Botschaft steht.

Die Worte „Ich will aufbrechen und zu meinem Vater gehen" bestätigen die innere Umkehr. Denn der verlorene Sohn fährt fort: „Ich will zu ihm sagen: Va-

„Ehe und Familie sind in Gefahr, weil oft der Glaube und der religiöse Sinn in ihnen erstorben sind."

„Die Familie gehört zu einer bestimmten Gesellschaft, zu einem Volk und im weitesten Sinne zur ganzen Menschheitsfamilie. So ist sie mitbetroffen von vielen Vorgängen in der heutigen Zivilisation."

ter, ich habe mich gegen den Himmel und gegen dich versündigt" (Lk 15, 18). Im Zentrum der Frohen Botschaft steht die Wahrheit von der metánoia, der Umkehr: Umkehr ist möglich, und Umkehr ist nötig!

5. Und warum ist das so? Weil sich hier zeigt, was in der innersten Seele eines jeden Menschen liegt und dort trotz der Sünde und sogar durch die Sünde hindurch lebt und wirkt: Jener unstillbare Hunger nach Wahrheit und Liebe, der uns bezeugt, wie sich der Geist des Menschen über alles Geschaffene hinaus zu Gott hin ausstreckt. Auf der Seite des Menschen ist dies der Ausgangspunkt der Bekehrung.

Ihm entspricht der Ausgangspunkt auf der Seite Gottes. Im Gleichnis wird dieser göttliche Ausgangspunkt mit eindrucksvoller Schlichtheit und zugleich mit überzeugender Kraft dargestellt. Der Vater wartet. Er wartet auf die Rückkehr des verlorenen Sohnes, als wenn es bereits sicher wäre, daß er zurückkehren wird. Der Vater geht auf die Straßen, auf denen der Sohn heimkehren könnte. Er will ihm begegnen.

„Ja, wir müssen eine neue Verkündigung beginnen. Die Verkündigung von der Umkehr und Heimkehr des Menschen zum Vater. Der Vater wartet auf uns. Der Vater geht uns entgegen."

In diesem Erbarmen bekundet sich jene Liebe, mit der Gott den Menschen in seinem Ewigen Sohn von Anfang an geliebt hat (vgl. Eph 1, 4–5). Es ist die Liebe, die, von Ewigkeit her im Herzen des Vaters verborgen, durch Jesus Christus in unserer Zeit offenbart worden ist. Kreuz und Auferstehung bilden den Höhepunkt dieser Offenbarung.

So war es sehr sinnvoll, daß wir gestern während der Europavesper das Kreuz Christi als Zeichen der Hoffnung verehrt haben: denn hieraus bezieht der Österreichische Katholikentag 1983 – zusammen mit der ganzen Kirche – seine Lebenskraft. Im Zeichen des Kreuzes bleibt der göttliche Ausgangspunkt einer jeden Bekehrung in der Geschichte des Menschen und der ganzen Menschheit stets gegenwärtig. Denn im Kreuz ist die Liebe des Vaters, des Sohnes und des Heiligen Geistes ein für allemal zur Menschheit herabgestiegen, eine Liebe, die sich niemals erschöpft. Sich bekehren heißt, dieser Liebe begegnen und sie im eigenen Herzen aufnehmen; heißt, auf dieser Liebe das weitere Verhalten aufbauen.

„Besinnt Euch wieder Eurer geistigen Herkunft. Kehrt um, wendet Euch Gott wieder zu und gestaltet das Leben Eurer Gesellschaft nach seinen Gesetzen."

Genau das hat sich im Leben des verlorenen Sohnes ereignet, als er beschloß: „Ich will aufbrechen und zu meinem Vater gehen." Zugleich aber war er sich klar bewußt, daß er bei der Rückkehr zum Vater seine Schuld bekennen mußte: „Vater, ich habe mich versündigt" (Lk 15, 18). Bekehrung ist Aussöhnung. Aussöhnung aber kommt nur zustande, wenn man seine Sünden bekennt. Seine Sünden bekennen bedeutet, die Wahrheit bezeugen, daß Gott Vater ist, ein Vater, der verzeiht. Wer in seinem Bekenntnis diese Wahrheit bezeugt, den nimmt der Vater wieder als seinen Sohn auf. Der verlorene Sohn ist sich bewußt, daß nur Gottes Vaterliebe ihm die Sünden vergeben kann.
Liebe ist stärker als Schuld!

Das Geschenk der Diözesen an die Teilnehmer des Festgottesdienstes

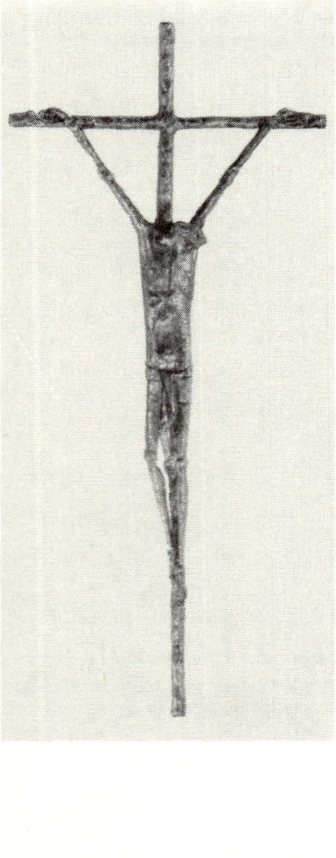

6. Liebe Brüder und Schwestern! Ihr habt in den Mittelpunkt dieses Katholikentages die Perspektive der Hoffnung gestellt: vertieft Euch gut in das Gleichnis Christi vom verlorenen Sohn. Es ist durch und durch realistisch. Die Perspektive der Hoffnung ist dort eng mit dem Weg der Umkehr verbunden. Meditiert über alles, was zu diesem Weg gehört: die Erforschung des Gewissens – die Reue mit dem festen Vorsatz, sich zu ändern – das Bekenntnis mit der Buße. Erneuert in Euch die Wertschätzung für dieses Sakrament, das ja auch „Sakrament der Versöhnung" genannt wird. Es ist eng mit dem Sakrament der Eucharistie, dem Sakrament der Liebe, verbunden: Die Beichte befreit uns vom Bösen; die Eucharistie schenkt uns Gemeinschaft mit dem höchsten Gut.

Nehmt die verpflichtende Einladung der Kirche ernst, jeden Sonntag die heilige Messe mitzufeiern. Hier dürft Ihr inmitten der Gemeinde immer wieder dem Vater begegnen und das Geschenk seiner Liebe empfangen, die hl. Kommunion, das Brot unserer Hoffnung. Gestaltet den ganzen Sonntag aus diesem Kraftquell als einen Tag, der dem Herrn geweiht ist. Denn ihm gehört unser Leben; ihm gebührt unsere Anbetung. So kann auch im Alltag Eure Gottverbundenheit lebendig bleiben und all Euer Tun zum christlichen Zeugnis werden.

Das alles ist die Bedeutung der Worte: „Ich will aufbrechen und zu meinem Vater gehen." Ein Programm unserer Hoffnung, wie es sich tiefer und zugleich einfacher nicht denken läßt! (Vgl. Enzyklika „Dives in misericordia", Über das göttliche Erbarmen, Nr. 5 und 6.)

7. Von diesem geistlichen Programm her möchte ich nun zusammen mit Euch einiges zur Umkehr im Bereich von Familie und Gesellschaft bedenken.

Ehe und Familie sind heute in Gefahr. Darunter leiden soviele Menschen: die Ehepartner und noch mehr ihre Kinder, letztlich aber die ganze Gesellschaft. Vor zwei Jahren habe ich aus der Erfahrung der Bischöfe der ganzen Welt die Krise der heutigen Familie so charakterisiert: Es gibt „Anzeichen einer besorgniserregenden Verkümmerung fundamentaler Werte: eine irrige . . . Auffassung von der gegenseitigen Unabhängigkeit der Eheleute; die schwerwiegenden Mißverständnisse hinsichtlich der Autoritätsbeziehungen zwischen Eltern und Kindern; die häufigen konkreten Schwierigkeiten der Familie in der Vermittlung der Werte; die steigende Zahl der Ehescheidungen; das weitverbreitete Übel der Abtreibung" (Apostolisches Schreiben „Familiaris consortio", Nr. 6). Ein Übel, zu dessen Eindämmung wir noch nicht den rechten Weg gefunden haben und das in seiner Schrecklichkeit noch viel zu wenigen Menschen bewußt ist.

Die Wurzel dieser Krise scheint vor allem in einem falschen Begriff von Freiheit zu liegen. Eine Freiheit, „die nicht als die Fähigkeit aufgefaßt wird, den Plan Gottes für Ehe und Familie zu verwirklichen, sondern vielmehr als autonome Kraft der Selbstbehauptung – für das eigene, egoistisch verstandene Wohlergehen und nicht selten gegen die Mitmenschen" (ebd.). Diese negativen Entwicklungen werden noch gefördert durch eine öffentliche Meinung, die die Institution der Ehe und Familie in Frage stellt und andere Formen des Zusammenlebens zu rechtfertigen sucht. Trotz der Beteuerung vieler, die Familie sei so wichtig für die Gesellschaft, wird doch noch viel zu wenig unternommen, um sie wirklich zu schützen. Ich glaube aber, daß der entscheidende Grund für diese Krise tiefer liegt. Ehe und Familie sind in Gefahr, weil oft der Glaube und der religiöse Sinn in ihnen erstorben sind. Weil Ehepartner selbst und damit auch ihre Kinder Gott gegenüber gleichgültig geworden sind.

Liebe Mütter und Väter, liebe Familien! Macht auch Ihr Euch auf und kehrt zurück zum Vater! Nur in Verantwortung vor Gott könnt Ihr die ganze Tiefe des Reichtums in Ehe und Familie erkennen und leben. Ich weiß, daß in Österreich viele Priester und Laien in den vergangenen Jahren versucht haben, Ehe und Familie aus christlichem Geist heraus zu erneuern. Ich weiß um Euer Bemühen, den Ehegatten zu helfen, in echter Partnerschaft zu leben; um Euer Bemühen, der Frau in Ehe und Familie, in Gesellschaft und Kirche einen ihrer Würde und Eigenart entsprechenden Platz zu geben. Ihr habt erkannt, daß die Kleinfamilie sich öffnen muß für andere, um ihnen aus der selbstgelebten Liebe spirituelle und materielle Hilfe anbieten zu können. Immer mehr Familien werden sich bewußt, daß sie Kirche im Kleinen, gleichsam Hauskirche sind. Arbeitet weiter in dieser Richtung!

Sucht aber mit gleichem Ernst nach Wegen, um eine vor Gott verantwortete Elternschaft zu leben, die objektiven Kriterien entspricht, wie sie das kirchliche Lehramt in Gemeinschaft mit dem Nachfolger Petri weltweit vorlegt. Ich erinnere dabei besonders an das kürzliche Apostolische Schreiben „Familiaris consortio", das die Weisung der Enzyklika „Humanae vitae" bekräftigt.

Christliche Familie! Werde wieder eine betende Familie! Eine Familie, die aus dem Glauben lebt! In der die Eltern erste Katecheten ihrer Kinder sind. Wo der Geist Gottes, der die Liebe ist, erlebt werden kann. Lernt vom barmherzigen Vater, einander immer wieder zu vergeben. Eltern, lernt auch von ihm, Eure Kinder in Freiheit entlassen zu können und doch allezeit für sie bereitzustehen. Schöpft aus unserem Gleichnis die Hoffnung, daß gerade der verlorene Sohn seinen Vater schließlich in einer Weise wiedergefunden hat, wie er ihn vorher nicht gekannt hatte.

8. „Ich will aufbrechen und zu meinem Vater gehen." Diese Worte haben uns den Weg der Hoffnung für die Familien gezeigt. Die Familie gehört aber zu einer bestimmten Gesellschaft, zu einem Volk und im weitesten Sinn zur ganzen Menschheitsfamilie. So ist sie mitbetroffen von vielen Vorgängen in der heutigen Zivilisation.

Hören wir nicht auch in all diesen Vorgängen und Entwicklungen den Notschrei jenes Sohnes aus dem Gleichnis Jesu? Oder wenigstens ein schwaches Echo dieses Schreies?

Der Sohn in seinem ungestümen Freiheitsdrang scheint mir ein Gleichnis zu sein für den Menschen in der Gesellschaft der hochentwickelten Staaten. Ein rascher Fortschritt in Technik und Wirtschaft, ein schnell gestiegener Lebensstandard haben grundlegende Veränderungen in diese Gesellschaft gebracht. Eine Euphorie erfaßte viele, als ob der Mensch nun endlich imstande sei, die

Die Gaben der Diözesen

Bei der Gabenprozession brachten Vertreter aus den Diözesen Österreichs dem Heiligen Vater Geschenke, in denen zum Ausdruck kommen sollte, daß die Katholiken Österreichs an den Anliegen der Weltkirche mittragen.

Das Bistum Eisenstadt im Burgenland, dem östlichsten Bundesland Österreichs, bot dem Heiligen Vater – symbolisiert durch ein kleines Radiogerät – eine Sendestation dar. Die Sendestation soll in einem fernen Land Menschen dienen, die in abgelegenen Gegenden der Hilfe bedürfen, Hilfe in Notfällen, doch auch der Anleitung, sich selbst zu helfen. So soll Hoffnung erweckt und der Grund unserer Hoffnung, das Wort Gottes, vermittelt werden.

Das Bistum Feldkirch in Vorarlberg im äußersten Westen Österreichs trägt mit seiner Gabe dazu bei, daß das Buch der Bücher, daß die Frohe Botschaft in eine ugandesische Sprache übersetzt wird und im Druck erscheint. So soll die Offenbarung zum Licht des Friedens in einem friedlosen Erdteil werden.

Das Bistum Graz-Seckau in der Steiermark unterstützt mit seinem Beitrag die Arbeiterinnen und Arbeiter unter den Christen im südkoreanischen Masan. Sie mögen in einer sich – auch dort – rasch verwandelnden Welt eine Stätte der Besinnung und der Brüderlichkeit errichten, von der beispielhafte Wirkung ausgeht.

Das Bistum von Kärnten, Gurk-Klagenfurt, bietet seine Gabe zur Unterstützung von San Egidio dar, einer tatkräftigen Gruppe von vor allem jungen Christen, die in der Stadt Rom, in ihren rasch wachsenden Vorstädten das Wort Jesu verkündigen, in vielen Belangen Hilfe leisten und sich vor allem jenen zuwenden, die von keiner anderen Hilfe erreicht werden.

Das Bistum Innsbruck im Land Tirol zwischen dem Arlberg und der Ziller unterstützt die schwierige Aufgabe, die in der Ausbildung von Katechisten für Papua-Neuguinea besteht. Auch die ferne Inselwelt im Pazifik, die jäh in den Konflikt zwischen Urzeit und Neuzeit geriet, hat Anrecht auf die Wahrheit des Kreuzes, auf die gelebte Hoffnung der Kirche.

Das Bistum Oberösterreich unterstützt den Ausbau eines Priesterseminars in Seoul in Südkorea. Dort, im östlichsten Asien, soll das Unrecht, das Europa in der Welt begangen hat, durch die Verkündigung der Liebestat Jesu gemindert werden.

Das Vikariat des österreichischen Bundesheeres und der von ihm delegierten Friedenstruppe hat für die Mission einen geländegängigen Wagen bereitgestellt. Der Soldat, der sein Vaterland zu verteidigen verpflichtet ist, will mit dieser Gabe beweisen, daß er – wo auch immer – im Notfall zu helfen bereit und den bedrohten Frieden zu schützen entschlossen ist.

Das Erzbistum Salzburg, ehrwürdig durch sein Alter und seine in frühmittelalterlicher Zeit übertragene Sendung, widmet seine Gabe jenen Armen und Ärmsten im afrikanischen Liberia, die von Lepra befallen sind. Heilung und Vorbeugung sind in jüngster Vergangenheit möglich geworden; sie sollen geübt werden als Unterpfand christlicher Hoffnung auf eine bessere Welt.

Die Diözese St. Pölten in Niederösterreich spendet für Polen einen Beitrag zur Linderung der Not an Medikamenten und hofft damit, im schwergeprüften Vaterland von Papst Johannes Paul II. die Zuversicht auf allgemeine Heilung zu stärken.

Zuletzt traten die Gabenträger des Erzbistums Wien vor die Kathedra. Die symbolische Gabe, die dem Heiligen Vater überreicht wurde, ist eine Kupferplatte aus Vietnam, ein Geschenk des Dankes von Menschen, die – aus diesem unglücklichen Land geflüchtet – in Österreich Aufnahme gefunden haben. Das Erzbistum Wien wendet seine Gabe der mittelamerikanischen Pfarre San José zu, die den Flüchtlingen aus San Salvador Gast- und Heimatrecht gibt.

Welt in den Griff zu bekommen und sie für alle Zukunft zu gestalten. In diesem stolzen Selbstbewußtsein verließen nicht wenige ihre angestammte Weltanschauung, in der Gott Ursprung und Ziel allen Seins war. Nun schien Gott entbehrlich geworden zu sein.

Aber diesem selbstbewußten Auszug, weg von Gott, ist alsbald eine große Ernüchterung gefolgt, gepaart mit Angst: Angst vor der Zukunft, Angst vor den Möglichkeiten, die der Mensch nun in Händen hält. Angst also vor dem Menschen selbst. Auch Österreich im Herzen Europas ist von solchen Entwicklungen nicht verschont geblieben. Nun sucht Ihr neue Wege, Antworten auf die Probleme dieser Zeit.

Besinnt Euch wieder Eurer geistigen Herkunft! Kehrt um, wendet Euch Gott wieder zu und gestaltet das Leben Eurer Gesellschaft nach seinen Gesetzen! Die Kirche will Euch mit ihrem Hirten- und Lehramt dabei eine Hilfe sein. Mit der Pastoralkonstitution des Konzils wird sie immer wieder die wesentlichen Fragen vorlegen: „Was ist der Mensch? Was ist der Sinn des Schmerzes, des Bösen, des Todes? . . . Was kann der Mensch der Gesellschaft geben, was von ihr erwarten? Was kommt nach diesem irdischen Leben?“ (Gaudium et spes, Nr. 10)

9. Liebe Brüder und Schwestern! Diese Grundfragen des II. Vatikanischen Konzils berühren den Kern des Problems, dem die Arbeiten des Katholikentages 1983 gewidmet sind. Antworten auf diese Fragen gibt das Evangelium. In dieser Antwort eröffnet sich dem Menschen die Perspektive der Hoffnung. Ohne diese Antwort gibt es keine Aussicht auf Hoffnung.

Folgt daraus nicht, daß wir die Frohe Botschaft neu annehmen müssen? Daß wir sie annehmen müssen als eine Botschaft, die für den Menschen unserer Tage ebenso lebensentscheidend ist, wie sie das für den Menschen vor 2000 Jahren war? Daß wir sie annehmen müssen mit innerer Überzeugung und Entschlossenheit zur Umkehr?

Ja, wir müssen eine neue Verkündigung beginnen. Die Verkündigung von der Umkehr und Heimkehr des Menschen zum Vater.

Der Vater wartet auf uns. Der Vater geht uns entgegen.

Der Vater möchte jeden Menschen wieder als Sohn oder Tochter aufnehmen.

Laßt uns aufbrechen und zu Ihm gehen! Das ist unsere Hoffnung! Amen.

Schlußwort des Vorsitzenden des Österreichischen Katholikentagskomitees, Eduard Ploier:

Heiliger Vater, ich darf Ihnen für Ihre Teilnahme am Österreichischen Katholikentag mit aufrichtiger Freude danken. Ihr Kommen nach Österreich, Ihr Beten mit uns und Ihre Worte an uns geben unserer Hoffnung Kraft und Orientierung.

In den „Perspektiven unserer Hoffnung“ haben wir die Sorgen und Freuden, die Zielsetzungen und Aufgaben für unser Handeln in Kirche und Welt ausgesprochen. Diese festliche Liturgie entläßt uns mit dem Auftrag, zu tun, was wir uns vorgenommen haben. Alle, die anwesend sind, und jene, die über die Medien an diesem Ereignis teilnehmen, vernehmen den Auftrag der Stunde;

Ein neuer Anfang wird sein,

– wenn wir Christen das Evangelium in unserem täglichen Leben ernst nehmen;

– wenn wir auf der Seite der Armen, der Menschen ohne Macht, der Kranken und Hilflosen stehen;

– wenn wir uns mit Entschiedenheit für die Lösung der sozialen Fragen, insbesondere der Arbeitslosigkeit, einsetzen.

Zum ersten Mal wurde ein „Freiluftdom für den Papst“ errichtet. Unter zeltartigen Baldachinen feierte Johannes Paul II. mit Kardinälen, Bischöfen und Priestern in Konzelebration die Eucharistie.

Ordensleute aus der oberösterreichischen Benediktinerabtei Kremsmünster überreichen dem Papst eines der bedeutendsten sakralen Kunstwerke Österreichs: den Tassilokelch. Er sollte beim Festgottesdienst zum Abschluß des Österreichischen Katholikentages 1983 Verwendung finden.

Trotz aller Unbill des Wetters harrten Hunderttausende Menschen aus ganz Österreich und den Nachbarländern im Donaupark beim Festgottesdienst aus. Zwei Schnappschüsse der Fotografen vom „nassen Abenteuer": konzelebrierende Bischöfe unter dem Schirm, Ministranten unter dem Regenmantel.

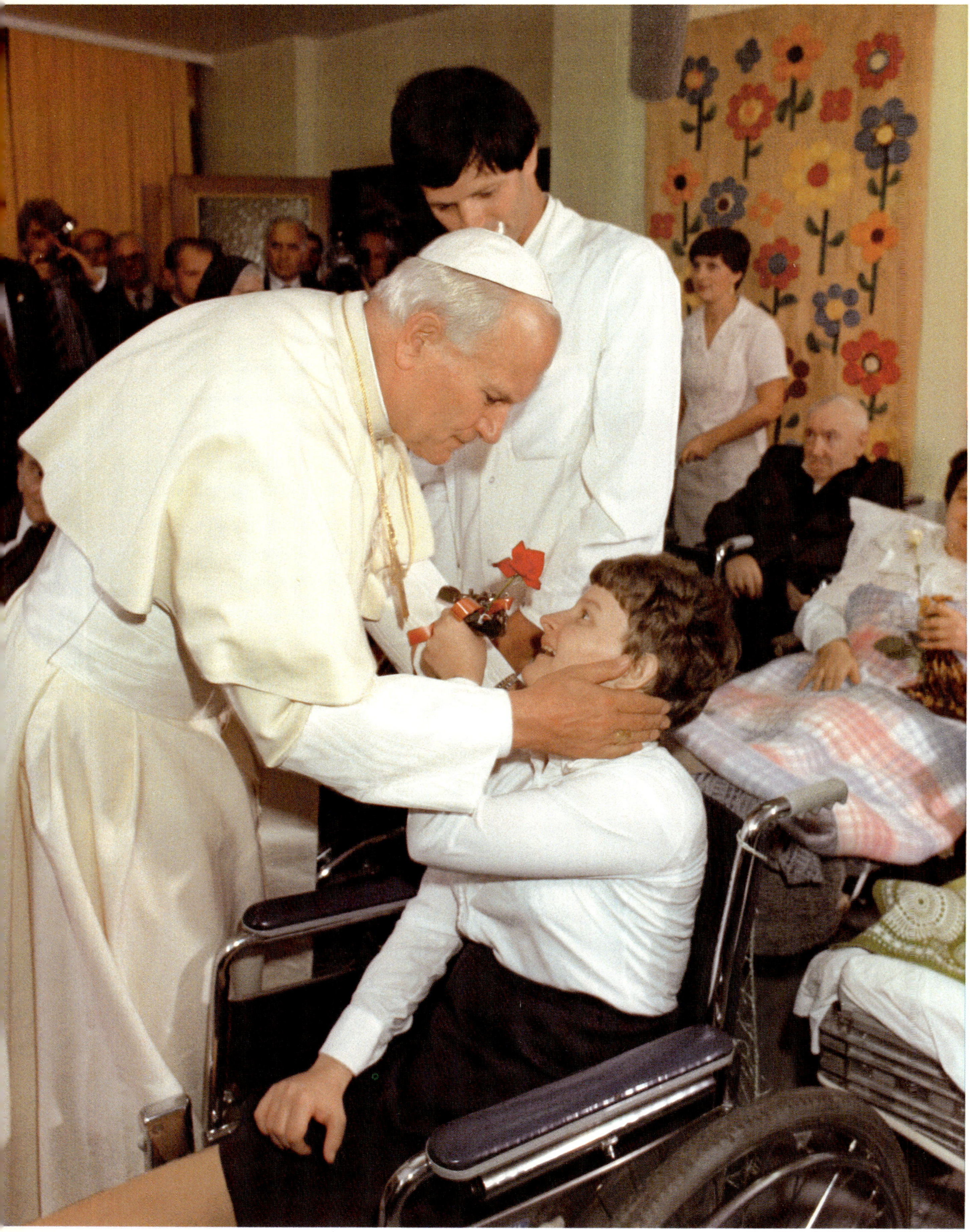

Eine erschütternde Szene im „Haus der Barmherzigkeit“. Leid steht gegen Hoffnung: Eine Patientin überreicht dem Papst eine rote Rose.

Besuch des Papstes im „Haus der Barmherzigkeit“

Dieser Besuch in einem Sonderkrankenhaus war allen kranken und behinderten Menschen in Österreich gewidmet. Kardinal König erklärte eingangs:

Heiliger Vater!

Ort: Haus der Barmherzigkeit, Vinzenzgasse 2–4
Zeit: 11. September, 16.15 Uhr

Zunächst danke ich Ihnen herzlich, daß Sie bei Ihrem Besuch in Österreich besonderen Wert auf die Möglichkeit einer Begegnung mit kranken, behinderten, alten und schwachen Menschen gelegt haben.

Die Kirche weiß sich seit den Tagen der Apostel, gestützt auf das Zeugnis des Herrn, in seinem Umgang mit Kranken und Ausgestoßenen verpflichtet zur besonderen Sorge um die Geringsten unserer Schwestern und Brüder.

Wie an vielen anderen Orten in allen Teilen der Weltkirche dienen hier im „Haus der Barmherzigkeit" in Wien Pflegerinnen und Pfleger, Schwestern und Ärzte im Bewußtsein, daß auch unsere Kranken durch ihr Gebet und ihr Beispiel im Leid wertvolle Glieder der Kirche sind.

Ich bitte Sie nun, Heiliger Vater, Ihre Botschaft an die hier Versammelten und an alle, die über Hörfunk und Fernsehen mit uns verbunden sind, zu richten.

Im Rahmen eines Wortgottesdienstes in der Kapelle des „Hauses der Barmherzigkeit" richtete Johannes Paul II. an die anwesenden Kranken sowie über Hörfunk und Fernsehen an alle kranken und behinderten Menschen des Landes folgende Ansprache:

Liebe Kranke!

Liebe pflegebedürftige Brüder und Schwestern hier im „Haus der Barmherzigkeit" und draußen in den Spitälern, Heimen und Wohnungen überall in Österreich!

„Der Papst dankt Euch für diese ‚Predigt', die Ihr uns durch Euer geduldig ertragenes Leiden haltet. Sie ist durch keine Kanzel zu ersetzen, durch keine Schule und durch keine Vorlesung. Die Krankenzimmer dienen einem Volk nicht weniger als die Klassenzimmer und die Hörsäle."

1. Diese Stunde meines Österreichbesuches soll ganz Euch gehören. Ich möchte mit Euch zusammensein – als Bote Christi, der Euch froh machen will, und als einer, der selbst für einige Wochen Euer Leidensgefährte gewesen ist. Ärztliche Kunst und sachkundige Pflege haben nach Gottes Ratschluß meine Gesundheit wiederhergestellt. So stehe ich heute als Gesunder vor Euch, aber nicht als Fremder. Bemühen wir uns gemeinsam darum: Lassen wir keinen Graben entstehen zwischen uns und Euch, zwischen den Gesunden und den Kranken!

Vielleicht habt Ihr manchmal Angst, uns zur Last zu fallen. Vielleicht hat man Euch das sogar gesagt oder fühlen lassen. Dann möchte ich Euch dafür um Verzeihung bitten. Sicher, Ihr braucht uns, unsere Hilfe und Pflege, unsere Hände und unser Herz. Aber genauso brauchen wir Euch. Ihr müßt Euch vieles schenken lassen. Aber Ihr beschenkt auch uns.

Euer Kranksein macht uns bewußt, wie gebrechlich menschliches Leben ist, wie gefährdet und begrenzt; macht uns bewußt, daß man nicht alles schaffen kann, was man sich vornimmt, daß man nicht alles vollenden kann, was man begonnen hat. Natürlich freut Ihr Euch über alles, was Ihr einmal an Schönem erlebt und an Gutem geschaffen habt; Ihr sollt auch dankbar dafür sein. Aber jetzt seht Ihr das alles in einem neuen Licht, und manches wertet Ihr anders als früher. Ihr wißt jetzt besser, worauf es im Leben wirklich ankommt, und dieses Wissen, diese durch Euer Leid geläuterte und gereifte Lebensweisheit könnt Ihr uns mitteilen, durch das, was Ihr uns sagt, durch das, was Ihr jetzt erlebt, und durch die Art, wie Ihr es ertragt. Der Papst dankt Euch für diese „Predigt", die Ihr uns durch Euer geduldig ertragenes Leiden haltet. Sie ist durch keine Kanzel zu ersetzen, durch keine Schule und durch keine Vorlesung. Die Krankenzimmer dienen einem Volk nicht weniger als die Klassenzimmer und die Hörsäle.

„Jugendliche können nicht stark werden und Erwachsene können nicht treu bleiben, wenn sie nicht gelernt haben, ein Kreuz anzunehmen."

In der Mitte Eures jetzigen Lebens steht das Kreuz. Viele laufen ihm davon. Aber wer vor dem Kreuz entfliehen will, findet nicht zur wahren Freude. Jugendliche können nicht stark werden und Erwachsene können nicht treu bleiben, wenn sie nicht gelernt haben, ein Kreuz anzunehmen. Euch, meine lieben Kranken, wurde es aufgebürdet. Euch hat niemand gefragt, ob Ihr wollt. Lehrt uns Gesunde, es rechtzeitig anzunehmen und mutig zu tragen, jeder in seiner Art. Es ist stets ein Teil des Kreuzes Christi. Wie Simon von Cyrene dürfen wir es ein Stück weit mit ihm tragen.

2. Und nun schaue ich besonders auf Euch, die Ihr von der Last der Jahre gebeugt seid und unter den Gebrechen und Beschränkungen des Alters leidet. Auch Ihr braucht unsere Hilfe, und doch seid auch Ihr es, die uns beschenken. Auf Eurer Arbeit, auf Eurer Leistung, auf dem, was Ihr gleichsam für uns investiert habt, bauen wir weiter. Wir brauchen Eure Erfahrung und Euer Urteil. Wir brauchen Eure Glaubenserfahrung und Euer Vorbild. Ihr dürft Euch nicht von uns abschließen. Ihr dürft nicht draußen bleiben vor den Türen unserer Wohnungen und vor den Toren unserer Welt. Ihr gehört zu uns! Eine Gesellschaft, die sich von den alten Menschen lossagt, würde nicht nur ihre eigene Herkunft verleugnen, sondern sich auch ihrer Zukunft berauben.

Weder alte noch kranke Menschen sind Außenseiter der Gesellschaft. Sie gehören vielmehr wesentlich dazu. Wir alle sind ihre Schuldner. In dieser Stunde möchte ich Euch allen danken, die Ihr in den vielen Nöten und Anliegen der Menschheit Euer Leiden und Beten aufopfert. Natürlich sollen auch die Gesunden beten; aber Euer Gebet hat ein besonderes Gewicht. Ströme des Segens könnt Ihr vom Himmel herabrufen und hinaussenden in Euren Bekanntenkreis, in Euer Vaterland und zu allen Menschen, die der Hilfe Gottes bedürfen. Der Mensch kann hier auf Erden Gott nicht wahrhaftiger loben und anbeten als mit einem Herzen, das auch im Leiden an seine Weisheit und Liebe glaubt. Ein geduldig ertragenes Leid wird selbst gewissermaßen zum Gebet und zum reichen Quell der Gnade. Ich möchte Euch deshalb alle bitten: Macht Eure Zimmer zu Kapellen, schaut auf das Bildnis des Gekreuzigten und betet für uns, opfert für uns – auch für das Wirken des Nachfolgers Petri, der ganz besonders auf Eure geistliche Hilfe vertraut und Euch alle von Herzen segnet.

3. Bei unserer heutigen Begegnung denke ich auch besonders an jene unter Euch, die schon von Kindheit an so krank sind, daß sich ihre körperlichen und geistigen Fähigkeiten gar nicht entfalten konnten. Ich denke an Menschen, die durch einen Unfall, durch eine heimtückische Krankheit schwer behindert sind. Ich denke an jene Form des Altwerdens, in welcher einem Umwelt und Mitmenschen immer mehr entschwinden, an alte Menschen also, die die Weisheit ihres Lebens gar nicht mehr weitergeben und den Dienst der Liebe gar nicht mehr wahrnehmen können. Der Blick auf diese Menschen, denen so Entscheidendes genommen ist, stellt uns vor die Frage: „Worin besteht eigentlich die Würde des Menschen?“

„Eine Gesellschaft, die sich von den alten Menschen lossagt, würde nicht nur ihre eigene Herkunft verleugnen, sondern sich auch ihrer Zukunft berauben.“

Der Mensch hat seinen Adel darin, daß Gott ihn ins Leben gerufen hat, daß er zu ihm ja gesagt und ihn angenommen hat und daß er ihn bei sich vollenden wird. Ist demgegenüber nicht alles menschliche Leben im Grunde bruchstückhaft und unzulänglich, angewiesen auf Gottes vollendendes Wirken? Über Gesunden und Kranken, Frischen und Müden, Beweglichen und Behinderten, geistig Wachen und geistig Schlafenden steht Gottes väterliches Ja und macht jeden ihrer Tage zu einem Stück Weg in die Vollendung – und damit lebens-wert.

Liebe Österreicher, möge der Herr über Euer Verhalten zu Euren kranken und behinderten Mitmenschen, in denen letztlich er selber Euch begegnet, einmal sagen können: „Ich war eine Last, und Ihr habt mich getragen; ich war unnütz, und Ihr habt mich geschätzt; ich war entstellt, und Ihr habt meine Würde erkannt; ich war vor der Geburt schon krank, und Ihr habt zu mir ja gesagt“ (vgl. Mt 25, 35 ff.).

4. Kranke und alte Menschen, Behinderte und Pflegebedürftige zeigen uns in einer besonderen Weise, wie sehr wir aufeinander angewiesen sind und zutiefst zusammengehören. Sie fordern unsere Solidarität und unsere Nächstenliebe auf das äußerste heraus. Wenn Kranke nicht mehr fähig sind, die ihnen geleistete Hilfe zu erfassen und dankend zu erwidern, dann zeigt sich, wie selbstlos und opferbereit solch dienende Liebe sein muß. Krankheit und Leid sind stets eine schwere Prüfung. Aber eine Welt ohne Kranke, so widersprüchlich dies auch klingen mag, würde ärmer sein. Denn sie wäre ärmer an gelebter Mitmenschlichkeit, ärmer an selbstloser, ja mitunter heroischer Liebe.

„Weder alte noch kranke Menschen sind Außenseiter der Gesellschaft. Sie gehören vielmehr wesentlich dazu.“

Mit allen kranken und pflegebedürftigen Menschen in Österreich danke ich deshalb zu dieser Stunde von Herzen allen Ärzten, allen Schwestern, Pflegerinnen und Pflegern, die in diesem „Haus der Barmherzigkeit“ und überall im Lande mit Treue und Hingabe ihren Dienst verrichten. Ich danke allen, die hier und in den anderen Spitälern, in den Heimen und Familien durch ihren persönlichen opferbereiten Einsatz dazu beitragen, daß Leiden gelindert, Krankheiten geheilt und alte Menschen neu mit Mut und Zuversicht erfüllt werden.

„Macht Eure Zimmer zu Kapellen, schaut auf das Bildnis des Gekreuzigten und betet für uns, opfert für uns – auch für das Wirken des Nachfolgers Petri, der ganz besonders auf Eure geistliche Hilfe vertraut und Euch alle von Herzen segnet."

Ein aufrichtiges Wort der Ermutigung richte ich an die Mütter und Väter, die ihr krankes, vielleicht zeitlebens behindertes Kind voll Aufopferung und oft inmitten einer verständnislosen Umgebung pflegen und lieben; an diejenigen, die ihren alten Eltern eine liebevolle Stütze sind und auch Einschränkungen auf sich nehmen, um ihnen ein wenig davon dankbar zu vergelten, was sie einst von ihnen an selbstloser Liebe empfangen haben.

Mein Dank ist nicht nur ein Wunsch. Ihr habt zugleich die Verheißung Jesu Christi, der gekommen ist, zu dienen und zu heilen, was verwundet war. Was Ihr dem geringsten seiner Brüder getan habt, das habt Ihr ihm getan (vgl. Mt 25, 40). Er ist Eure Kraft, er ist Euer Lohn. Er ist – wenn Ihr Euch dafür öffnet – die stille Freude mitten in Eurem Tun.

Ebenso ist Christus auch der Trost in Eurem Leid, liebe kranke und pflegebedürftige Brüder und Schwestern. Er, der den Boten seiner Liebe zur Seite steht in ihrem Dienst, er steht auch Euch zur Seite in Eurer Not. Ihm seid Ihr in einer besonderen Weise gleichgestaltet. Er, der die Leidenden geheilt hat, er hat auch selbst gelitten. Er hat selber die äußerste Verlassenheit erduldet, damit wir nie verlassen sind. Er, Christus, unser Herr und Erlöser, sei stets mit Euch und segne Euch alle in seiner reichen Barmherzigkeit und Liebe!

Empfang beim Bundespräsidenten in der Hofburg

In den Abendstunden traf Papst Johannes Paul II.
in den Räumen der Präsidentschaftskanzlei
mit dem „offiziellen Österreich" zusammen.

Einleitend erklärte das österreichische Staatsoberhaupt:

Ort: Hofburg in Wien
Zeit: 11. September, 18 Uhr

Erneut entbiete ich Eurer Heiligkeit auch hier in der Wiener Hofburg einen verehrungsvollen und aufrichtigen Willkommensgruß in Österreich. Wir alle, die wir in der Republik Österreich in politischer, wirtschaftlicher, kultureller und sozialer Verantwortung stehen und heute hier versammelt sind, sind dankbar, daß Eure Heiligkeit im Rahmen des Pastoralbesuches dieser Begegnung zugestimmt haben.

Politik im weitesten Sinn des Wortes findet ihre Rechtfertigung nur, wenn sie dem Menschen dient. Wir sind uns dessen bewußt, daß dieses Ziel allzu oft nicht erreicht wird. Und wir wissen auch, daß über den Weg zum besten Dienst zum Menschen innerhalb eines Volkes, das die Glaubens- und Gewissensfreiheit und die Freiheit der Meinungsäußerung besitzt, verschiedene Auffassungen bestehen und auch nach außen in Erscheinung treten. Auch in Österreich. Es ist uns aber in unserer Republik in den letzten Jahrzehnten seit 1945 doch gelungen, im Rahmen eines fortwährenden Dialogs, dessen Bedeutung Eure Heiligkeit auch in der Botschaft zum Weltfriedenstag 1983 so sehr unterstrichen haben, innerhalb der im Nationalrat vertretenen politischen Kräfte des Landes und innerhalb der Sozial- und Wirtschaftspartner einen Weg zu finden, der haßerfüllte Gegensätze hintangehalten und vielfach auch gemeinsame Interpretationen des Dienstes am Menschen und damit der Erfüllung der staatlichen Aufgaben ermöglicht hat.

Ich bin glücklich, Eurer Heiligkeit auch berichten zu können, daß das Verhältnis zwischen der katholischen Kirche und der Republik Österreich auf einem fruchtbaren Dialog aufgebaut ist. Gar manche schwierigen Reibungsflächen konnten abgebaut werden. Dies scheint mir auch im Hinblick auf die Geschichte der letzten 200 Jahre gerade im Interesse der Staatsbürgerinnen und Staatsbürger eine gute und notwendige Entwicklung, da damit jene bösen und den einzelnen Menschen schwer belastenden inneren Konflikte vermieden werden, die dann entstehen, wenn Kirche und Staat in einem offenen und verdeckten Kampf stehen.

Kirche und Staat können einander sehr viel geben, ohne dabei voneinander in Abhängigkeit zu geraten. Gerade das gemeinsame Daseinsziel, dem Menschen zu dienen, ist hiefür eine tragfähige Brücke, die für den einzelnen ein reiches Angebot von Werten bereit hält. Aber auch der engagierte Dienst am Frieden, der nicht erst in der versuchten Beeinflussung des Verhältnisses zwischen den Supermächten, sondern schon in der eigenen Familie und in der Innenpolitik des Staates beginnt, scheint mir eine sehr verbindende gemeinsame Aufgabe zu sein, die durch die großen Friedensinitiativen Eurer Heiligkeit neue Impulse erhalten hat.

Die Tatsache, daß es Eurer Heiligkeit gelungen ist, in der Verkündigung und im täglich gelebten Beispiel eine Renaissance des christlichen Humanismus herbeizuführen, wird seine befruchtende Wirkung nicht nur auf die Gläubigen, sondern auch auf das Verhältnis zwischen Staat und Kirche nicht verfehlen.

Wir alle und viele Menschen über diesen Saal hinaus werden die Worte, die Eure Heiligkeit an uns richten werden, sehr ernst und eingehend überdenken. Für uns Katholiken sind es zudem Worte unseres Heiligen Vaters.

Ich bitte Eure Heiligkeit, zu uns zu sprechen.

Der Papst erwiderte den Willkommensgruß von Bundespräsident Kirchschläger mit folgender Ansprache:

„Die Aufgabe, die die Kirche kraft ihrer Sendung in der Welt zu erfüllen hat, ist eine religiöse und geistige, keine politische."

1. Es ist für mich eine besondere Ehre und Freude, heute mit dem Herrn Bundespräsidenten, mit den Mitgliedern der Bundesregierung und mit Vertretern des politischen und kulturellen Lebens in Österreich zusammenzutreffen. Mit Österreich verbinden mich seit langem persönliche Bekanntschaft und Bande der Freundschaft.

Schon in den ersten Tagen nach meiner Berufung auf den Stuhl Petri erhielt ich eine freundliche Einladung zu einem Besuch in Ihrem Land. Nun ist dieser Besuch möglich geworden. Dafür danke ich Ihnen aufrichtig, sehr verehrter Herr Bundespräsident, besonders aber auch für die heutige Begegnung und die ehrenvollen Worte Ihrer Begrüßung. Zugleich danke ich der Bundesregierung und allen zuständigen Stellen dieser Stadt und in ganz Österreich für alles, was sie beigetragen haben, daß mein Besuch so gut vorbereitet und organisiert werden konnte und daß ich eine so herzliche Aufnahme gefunden habe. In Ihnen, den höchsten und maßgeblichen Vertretern Ihres Landes, grüße ich alle, die für das Wohl und Geschick Ihres Volkes Verantwortung tragen. Ich bekunde Ihnen meine Bewunderung für die entscheidungsvolle Geschichte, den kulturellen

Reichtum und das hohe Ansehen, die Österreich in Vergangenheit und Gegenwart in der Gemeinschaft der Völker stets ausgezeichnet haben. Mit besonderer Dankbarkeit gedenke ich in dieser Stunde der jahrtausendalten tiefen Verbundenheit des österreichischen Volkes mit dem Christentum und der freundschaftlichen Beziehungen, die seit langem zwischen Ihrem Land und dem Heiligen Stuhl bestehen.

Es ist lange her, daß ein Papst Wien einen Besuch abgestattet hat. Ich bin Gott dankbar, daß die Umstände meines jetzigen Pastoralbesuches andere sind als jene, unter denen vor 200 Jahren Pius VI. in Ihre Hauptstadt gekommen ist. Seinerzeit gab es Anlaß zu großen Sorgen um die Einheit der Kirche und um ihre Autonomie in Österreich. Heute kann sich das kirchliche Leben ungehindert entfalten, der Katholikentag selbst ist ein beredtes Zeichen dafür. Es war mir eine Freude, daran teilnehmen zu können. Es war eine sehr beeindruckende Form der Verkündigung der Botschaft Christi an die Menschen dieses Landes. Es war ein Stück gelebte Hoffnung, das auch vielen anderen Hoffnung geben kann.

2. Die Aufgabe, die die Kirche kraft ihrer Sendung in der Welt zu erfüllen hat, ist eine religiöse und geistliche, keine politische. Aber gerade um des ihr anvertrauten Evangeliums willen verkündet die Kirche, wie das II. Vatikanische Konzil betont, auch „die Rechte des Menschen, und sie anerkennt und schätzt die Dynamik der Gegenwart, die diese Rechte überall fördert" (Gaudium et spes, Nr. 41). Sie empfindet daher Genugtuung und Dankbarkeit, wenn Staaten wie die Republik Österreich dank ihrer demokratischen Grundordnung und der brüderlichen Gesinnung ihrer Bürger sich in den Dienst der Menschenrechte stellen. Dabei ist nicht nur an die gute Ordnung des öffentlichen Lebens und die Bemühungen um die Wahrung der menschlichen Grundrechte im eigenen Land zu denken, sondern auch an die Bereitschaft, Menschen aus anderen Ländern aufzunehmen, die dort ihrer Religionsfreiheit, ihrer Freiheit der Meinungsäußerung oder der Achtung ihrer Menschenwürde beraubt sind. In großzügiger Weise hat Österreich immer wieder solchen Menschen Asyl gewährt. Damit zollt dieses Land der persönlichen Freiheit des Menschen jenen Respekt, der ihr als einem unveräußerlichen Recht der menschlichen Person zukommt.

In diesem Zusammenhang gebührt Ihrem Land ein besonderes Wort der Anerkennung und der Ermutigung dafür, wie es seine europäische und internationale Aufgabe insgesamt wahrnimmt. Wie in der Vergangenheit erfüllt Österreich auch in der Gegenwart vielfach die Funktion des Brückenschlags zwischen den Völkern. Es hat sich immer wieder bemüht, über die eigenen Grenzen hinaus im Bewußtsein der gemeinsamen Aufgaben Europas und dessen Verantwortung in der Völkergemeinschaft seinen Beitrag zur Friedenssicherung und zur Verständigung zwischen den Nationen und Machtblöcken zu leisten. Es wird nötig sein, diese Anstrengungen entschlossen weiterzuführen und die angestrebten Ziele noch klarer ins Auge zu fassen.

So hat die Sorge um die internationale Gerechtigkeit schon seit Jahren zu zahlreichen Maßnahmen der Entwicklungsförderung zugunsten ärmerer Weltregionen geführt. Ich freue mich, daß auch die kirchliche Entwicklungshilfe einen erheblichen Beitrag dazu leistet. Dennoch nimmt die Kluft zwischen Reichen und Armen immer noch zu. Das muß alle in Staat und Kirche noch zu größeren Anstrengungen anspornen, die auch tiefgreifende Änderungen in der Weltwirtschaftsordnung einschließen können. Dasselbe gilt für die Sorge um die internationale Verständigung und um die Sicherung des Weltfriedens. Gerade hier hat Ihr Land auf Grund seiner geographischen Lage und seines kulturellen Erbes besondere Chancen für noch intensivere Bemühungen um menschlichen und kulturellen Austausch und für eine noch wirksamere Förderung von Begegnungen und Dialog zwischen den Nationen.

3. In diesem Einsatz für das Wohl der Menschen und Völker finden die Staaten in der katholischen Kirche einen stets hilfsbereiten Partner. Die Kirche fühlt sich kraft ihres umfassenden apostolischen Auftrags berufen, zum Dienst am Menschen auch in der Öffentlichkeit beizutragen. Und das besonders in einem Land, in dem sich viele Staatsbürger als Christen bekennen und das in seiner Geschichte und Kultur so stark vom christlichen Geist geprägt worden ist.

Die Kirche ist keine politische Instanz. Sie hat keine technologische und wirtschaftspolitische Kompetenz und behauptet sich auch nicht durch Machtpolitik. Sie achtet die Verantwortung des Staates, ohne sich in seine politischen Auf-

„Wie in der Vergangenheit erfüllt Österreich auch in der Gegenwart vielfach die Funktion des Brückenschlags zwischen den Völkern."

„Die Kirche fühlt sich kraft ihres umfassenden apostolischen Auftrags berufen, zum Dienst am Menschen auch in der Öffentlichkeit beizutragen. Und das besonders in einem Land, in dem sich viele Staatsbürger als Christen bekennen und das in seiner Geschichte und Kultur so stark vom christlichen Geist geprägt worden ist."

„Der ehrenvolle, aber schwere Beruf des Politikers fordert den Einsatz aller Ihrer Kräfte und Ihrer ganzen Person. Jene unter Ihnen, denen die Gnade des Glaubens geschenkt ist, werden wissen, daß man dazu auch den Beistand Gottes erbitten darf und soll."

gaben einzumischen. So gewinnt sie um so mehr an Autorität, Mahner für die wahre Freiheit zu sein, Mahner für die unveräußerlichen Rechte der menschlichen Person, für ihre Würde und göttliche Berufung. Im Namen der wahren Freiheit und der Würde des Menschen ist die Kirche vor allem aufgerufen, für die Bewahrung des moralischen Gewissens und eines vor ihm verantwortbaren sittlichen Handelns einzutreten, und das nicht nur im individuellen, sondern auch im gesellschaftlichen Leben. Es ist somit stets ihr geistlicher Auftrag, der die Kirche dazu bewegt, sich so entschlossen in partnerschaftlicher Zusammenarbeit mit den Staaten auch für die zeitlichen Belange des Menschen, für Gerechtigkeit und Frieden, für ein menschenwürdiges Zusammenleben und eine wirksame Verteidigung der sittlichen Ordnung in Familie und Gesellschaft einzusetzen. Dieser konkrete Dienst der Kirche ist um so dringlicher in einer Zeit, in der eine wachsende Mißachtung menschlicher Grundwerte die Fundamente der gesellschaftlichen Ordnung untergräbt und den Menschen selbst in seiner innersten Würde bedroht. Auch der moderne pluralistische Staat kann auf ethische Normen bei der Gesetzgebung und im öffentlichen Leben nicht verzichten, ohne daß das Wohl des einzelnen und der Gemeinschaft großen Schaden erleidet. Dies vor allem dann, wenn es so hohe Rechtsgüter wie das Leben des Menschen in all seinen Phasen zu schützen gilt. Die Kirche bekundet allen Verantwortlichen Solidarität und Anerkennung, die mit ihr aus persönlicher Überzeugung für die Verteidigung der sittlichen Grundwerte in der heutigen Gesellschaft eintreten und dies vor allem auch der Jugend als verpflichtende Aufgabe vor Augen stellen. Daß Sie, verehrter Herr Bundespräsident, dieses in Ihrem verantwortungsvollen Amt immer sehr freimütig und mit Nachdruck getan haben, darf ich an dieser Stelle in hoher Wertschätzung ausdrücklich hervorheben. Dafür und für alle Ihre Bemühungen, durch die Sie das Wirken der Kirche und des Heiligen Stuhles in der Öffentlichkeit stets hochherzig unterstützt haben, sage ich Ihnen aufrichtigen Dank.

„Möge Ihnen allen die geistige und sittliche Kraft gegeben sein, den hohen Erwartungen gerecht zu werden, die die Gesellschaft, besonders auch die Jugend, gerade heute an die Politiker richtet."

4. Gestatten Sie mir, sehr geehrte Damen und Herren, zum Schluß auch für Sie noch eine mehr persönliche Anmerkung. Sie, die Sie hier versammelt sind, sind vom österreichischen Volk in freien und demokratischen Wahlen in Ihr politisches Amt berufen worden oder leiten Ihre gesellschaftliche Aufgabe von einer solchen Berufung ab. Sie tragen eine sehr große Verantwortung für dieses Land und seine Stellung in der Welt. Der ehrenvolle, aber schwere Beruf des Politikers fordert den Einsatz aller Ihrer Kräfte und Ihrer ganzen Person. Jene unter Ihnen, denen die Gnade des Glaubens geschenkt ist, werden wissen, daß man dazu auch den Beistand Gottes erbitten darf und soll. Möge Ihnen allen die geistige und sittliche Kraft gegeben sein, den hohen Erwartungen gerecht zu werden, die die Gesellschaft, besonders auch die Jugend, gerade heute an die Politiker richtet.

Ich bin Ihnen, sehr verehrter Herr Bundespräsident, sehr geehrte Damen und Herren, dafür dankbar, daß Sie der christlichen Sicht der Dinge und dem partnerschaftlichen Dialog mit der Kirche Ihren jeweiligen persönlichen Überzeugungen entsprechend Achtung erweisen. Mögen Sie dem auch in Ihrem verantwortungsvollen Wirken zum Wohl Ihres Volkes konkret Rechnung tragen. Ich erbitte Ihnen, dem „viel gerühmten, viel geprüften, viel geliebten Österreich" (österreichische Bundeshymne) und allen Menschen, die in ihm wohnen, den bleibenden Schutz und Segen des allmächtigen und barmherzigen Gottes.

Empfang des Diplomatischen Korps in der Apostolischen Nuntiatur

In den überfüllten Räumen der Nuntiatur richtete der Papst an die Diplomaten folgende Ansprache:

Ort: Nuntiatur, Theresianumgasse 31
Zeit: 11. September, 20 Uhr

1. Es ist mir eine besondere Freude, nach meiner Begegnung mit den höchsten staatlichen Vertretern Österreichs heute abend auch noch mit Ihnen, den bei diesem Staat akkreditierten Diplomaten, zusammenzutreffen. Ich danke Ihnen für Ihr Erscheinen und die Ehre, die Sie dadurch nicht nur meiner Person, sondern dem Oberhaupt der katholischen Kirche erweisen. Zusammen mit dem Hausherrn der Apostolischen Nuntiatur, die für einige Tage auch meine Residenz geworden ist, heiße ich Sie alle sehr herzlich willkommen.

   Eine eigene Begegnung mit den Mitgliedern des Diplomatischen Korps ist ein fester Bestandteil fast aller meiner Pastoralreisen. Dadurch möchte ich der großen Wertschätzung Ausdruck geben, die der Heilige Stuhl Ihrem Wirken für die Verständigung und die harmonische Zusammenarbeit zwischen den Völkern entgegenbringt. Die Stadt Wien lädt noch in einer ganz besonderen Weise dazu ein. Ist sie doch der Ort, wo die Stellung und Aufgabe der diplomatischen Vertretungen durch internationale Vereinbarungen zum ersten Mal verbindlich festgelegt und formuliert worden sind. Dies geschah bekanntlich durch das Wiener Abkommen im Jahre 1815 und durch die Konvention über die diplomatischen Beziehungen vom April 1961.

„Die Kirche teilt die Sorge der Verantwortlichen in Staat und Gesellschaft vor allem dort, wo es um die Wahrung und Förderung der hohen Güter, wie Frieden, Gerechtigkeit, menschliche Würde, Menschenrechte, Versöhnung und vertrauensvolle Zusammenarbeit zwischen den Völkern, geht.“

2. Diplomatische Vertretungen sind ein wichtiges Instrument der modernen Diplomatie. Sie erschöpfen sich nicht nur in der Wahrnehmung bilateraler Interessen zwischen den einzelnen Staaten, sondern erstrecken sich auch auf die grundlegenden Belange und Erfordernisse der internationalen Völkergemeinschaft: auf die Erhaltung oder Wiederherstellung des Friedens, die Förderung einer fruchtbaren Zusammenarbeit zwischen den Regierungen sowie die Schaffung humaner und vernünftiger rechtlicher Bindungen zwischen den Völkern durch gemeinsame loyale Vereinbarungen.

   Die Diplomatie ist zu Recht als die „Kunst des Friedens“ bezeichnet worden. Wir erkennen sogleich die ungeheure Aktualität und Verantwortung, die Ihrer Mission als Diplomaten in der Welt von heute zukommen. – Der Aufschrei nach Frieden, der sich immer lauter in den Herzen der Menschen und vielerorts auf den Straßen und Plätzen erhebt, scheint den Befürchtungen derer Recht zu geben, die bei der Beobachtung der gegenwärtigen Weltsituation bereits von einem Übergang von der „Nachkriegs-“ zu einer neuen „Vorkriegsphase“ sprechen. Deshalb bedürfen wir heute, vielleicht noch dringender als in der Vergangenheit, der mutigen und beharrlichen Bemühungen einer geschickten Diplomatie, die sich mit Geduld und Ausdauer darum bemüht, der Stimme der Gewalt mit der Stimme der Vernunft zu begegnen, die bestehenden Spannungen zu mindern und stets Raum für den Dialog offen zu halten, damit der Ruf der Menschen nach Frieden nicht eines Tages plötzlich vom Lärm der Waffen erstickt wird.

„Es bedarf vor allem einer ehrlichen und aufrichtigen Diplomatie, die auf trügerische Verschlagenheit, Lüge und Intrigen verzichtet, die legitimen Ansprüche und Forderungen der Partner achtet und durch loyale Verhandlungsbereitschaft den Weg für eine friedliche Lösung von bilateralen und internationalen Konflikten ebnet.“

   Es bedarf vor allem einer ehrlichen und aufrichtigen Diplomatie, die auf trügerische Verschlagenheit, Lüge und Intrigen verzichtet, die legitimen Ansprüche und Forderungen der Partner achtet und durch loyale Verhandlungsbereitschaft den Weg für eine friedliche Lösung von bilateralen und internationalen Konflikten ebnet. Unaufrichtigkeit verbreitet Mißtrauen gerade dort, wo Vertrauen absolut notwendig ist und allein eine wirklich tragfähige Grundlage für eine dauerhafte Verständigung bieten kann. Alle, die nach Frieden rufen, ermutigen Sie, die Sie als Diplomaten Baumeister des Friedens sein sollen, angesichts der großen Schwierigkeiten nicht die Zuversicht zu verlieren, sondern Ihren Einsatz für die gerechte Sache des Friedens vielmehr mit Umsicht und Ausdauer noch zu verstärken. Wenn auch die entscheidenden Beschlüsse letztlich auf dem Feld der Politik gefällt werden, so haben Sie als Diplomaten doch die Möglichkeit, auf Grund Ihrer besonderen Stellung und Kenntnis der Lage die Entscheidungen Ihrer Regierungen positiv zu beeinflussen.

3. Wie ich, sehr geehrte Damen und Herren, in meiner Anprache vor den Vereinten Nationen hervorgehoben habe, „ist die Existenzberechtigung jeglicher Politik der Dienst am Menschen, die unermüdliche und verantwortliche Sorge um die Probleme und wesentlichen Bereiche seiner irdischen Existenz in ihrer sozialen Dimension und Tragweite, von der gleichzeitig ja auch das Wohl einer jeden einzelnen Person abhängt“ (Ansprache vom 2. Oktober 1979). In diesem Dienst am Menschen begegnen sich die schwierige und verantwortungsvolle Aufgabe

des Politikers und Diplomaten mit der besonderen Heilssendung der Kirche, die sich auf das Wohl des ganzen Menschen und auf die gesamte Menschheit richtet. Die Kirche teilt die Sorge der Verantwortlichen in Staat und Gesellschaft vor allem dort, wo es um die Wahrung und Förderung der hohen Güter, wie Frieden, Gerechtigkeit, menschliche Würde, Menschenrechte, Versöhnung und vertrauensvolle Zusammenarbeit zwischen den Völkern, geht. Nicht aus politischen Ambitionen, sondern um des Menschen und um ihrer eigenen Sendung willen fühlt sich die Kirche verpflichtet, dafür ihre moralische Unterstützung und jede mögliche konkrete Hilfe anzubieten – auch durch die Mittel und Wege einer vertrauenswürdigen Diplomatie, die ein vorzügliches Instrument des Friedens ist.

,,Alle, die nach Frieden rufen, ermutigen Sie, die Sie als Diplomaten Baumeister des Friedens sein sollen, angesichts der großen Schwierigkeiten nicht die Zuversicht zu verlieren, sondern Ihren Einsatz für die gerechte Sache des Friedens vielmehr mit Umsicht und Ausdauer noch zu verstärken.“

Wie Ihnen bekannt ist, unterhält der Heilige Stuhl selbst volle diplomatische Beziehungen zu einer Vielzahl von Staaten, von denen viele gewiß durch Sie auch hier vertreten sind. Das eingangs erwähnte Wiener Abkommen erkennt den päpstlichen Vertretern unter den Diplomaten auch offiziell eine gewisse Vorrangstellung zu, die ihnen bereits früher vom internationalen Gewohnheitsrecht eingeräumt worden war. Dies bedeutet nicht so sehr eine Auszeichnung für den Vertreter des Heiligen Stuhls selber, sondern ist vielmehr eine Ehrenbezeugung gegenüber jenen geistigen und sittlichen Werten, die die Kirche in der internationalen Völkergemeinschaft vertritt und deren Vorrang dadurch von den Unterzeichnerstaaten grundsätzlich anerkannt worden ist.

4. Entsprechend der Sendung der Kirche ist auch die Diplomatie des Heiligen Stuhls im wesentlichen religiöser und geistiger Natur. Gerade dadurch vermag sie im internationalen Kräftespiel der Nationen bei der Verfolgung der jeweiligen Ziele den ihr eigenen spezifischen Beitrag zu leisten. Sollen Diplomatie und Politik heute den Erwartungen entsprechen, die in sie gesetzt werden, so müssen vor allem die grundlegenden geistigen und sittlichen Werte in die Zielsetzungen der Völker aufgenommen und bei deren Verwirklichung berücksichtigt werden. Die Geschichte und die Erfahrung lehren, wie vergeblich internationale Friedensbemühungen oder der Einsatz für Gerechtigkeit und sozialen Fortschritt sind, wenn man nur die Symptome der vorhandenen Übel und nicht zugleich auch deren Ursachen, die ihnen zugrundeliegenden moralischen Fehlhaltungen und Mißstände, bekämpft.

,,Entsprechend der Sendung der Kirche ist auch die Diplomatie des Heiligen Stuhles im wesentlichen religiöser und geistiger Natur. Gerade dadurch vermag sie im internationalen Kräftespiel der Nationen bei der Verfolgung der jeweiligen Ziele den ihr eigenen spezifischen Beitrag zu leisten.“

Das Zweite Vatikanische Konzil stellt diesbezüglich in seiner Pastoralkonstitution über die Kirche in der Welt von heute fest: ,,Die Staatsmänner, die das Gemeinwohl ihres eigenen Volkes zu verantworten und gleichzeitig das Wohl der gesamten Welt zu fördern haben, sind sehr abhängig von der öffentlichen Meinung und der Einstellung der Massen. Nichts nützt ihnen ihr Bemühen, Frieden zu stiften, wenn Gefühle der Feindschaft, Verachtung, Mißtrauen, Rassenhaß und ideologische Verhärtung die Menschen trennen und zu Gegnern machen. Darum sind vor allem eine neue Erziehung und ein neuer Geist in der öffentlichen Meinung notwendig“ (Gaudium et spes, Nr. 82). Um vorhandene Mißstände und drohende Gefahren im privaten und öffentlichen Leben auf nationaler oder internationaler Ebene wirksam beseitigen zu können, gilt es vor allem, den Menschen selbst zu ändern, ihn sittlich zu erneuern und zu stärken. Schon für diese grundlegende Aufgabe sind Staat und Kirche partnerschaftlich aufeinander verwiesen. Es ist offenkundig, welch wichtigen Beitrag gerade hierfür die Kirche und die Christen zu leisten vermögen.

Seien Sie sich, sehr geehrte Damen und Herren, in Ihrem schweren und verantwortungsvollen Wirken als Diplomaten für die Sache des Friedens, der Gerechtigkeit, für die internationale Zusammenarbeit und den allseitigen Fortschritt der Völker stets der solidarischen Unterstützung der Kirche und des Heiligen Stuhls bewußt. Mögen die hohen Werte, für die Sie sich durch die hohe ,,Kunst des Friedens“ in der internationalen Gemeinschaft einsetzen, auch Ihnen persönlich, Ihren Familien und Ihrem Volk, das Sie hier vertreten, in reichem Maße beschieden sein. Das wünsche und erbitte ich Ihnen von Herzen.

Eucharistiefeier im Wiener Stephansdom

Begegnung des Papstes mit Vertretern des Laienapostolates und der verschiedenen kirchlichen Dienste.

Vor 7000 persönlich geladenen Teilnehmern aus ganz Österreich erklärte der Heilige Vater in seiner Homilie:

Gelobt sei Jesus Christus!

Ort: Stephansdom
Zeit: 12. September, 8.30 Uhr
Teilnehmer: 7000 geladene Gäste

1. Ich grüße Euch im Namen Jesu Christi; denn „in keinem anderen ist Heil zu finden! Es ist uns Menschen kein anderer Name unter dem Himmel gegeben, durch den wir gerettet werden sollen" (Apg 4, 12).

Ich grüße Euch im Namen Marias, den das heutige Festevangelium so herausstellt und dessen liturgische Feier vor dreihundert Jahren von dieser Stadt ihren Ausgang nahm.

Ich grüße Euch alle, die Ihr in diesem ehrwürdigen, dem heiligen Stephanus geweihten Dom versammelt seid. Er ist einst als gemeinsames Werk der Stände in jahrzehntelangem Einsatz entstanden und nach den Zerstörungen des Zweiten Weltkrieges durch gemeinsame Opfer der Bürger und Länder Österreichs neu errichtet worden. Wie ehedem bildet er als Zeugnis des christlichen Glaubens den weithin ragenden Mittelpunkt dieser Stadt Wien und des Erzbistums.

Heute ist in dieser festlichen Kathedrale das gesamte Laienapostolat Österreichs in seinen Vertretern zugegen, um zusammen mit dem Herrn Kardinal, mit Bischöfen, Priestern und Diakonen und mit dem Nachfolger des heiligen Petrus das Opfer Christi zu feiern. Uns alle verbindet eine gemeinsame christliche Vergangenheit, in der auch die Geschichte der Erlösung Eures Vaterlandes enthalten ist. Zugleich verbindet uns eine gemeinsame Sendung: die Sendung, in unserer Zeit das Heil zu verkünden.

„Der Laie ist zugleich Zeichen des Heils in der Welt und Brücke zwischen Welt und Kirche."

2. Liebe Brüder und Schwestern! „Der Engel Gabriel wurde von Gott . . . zu einer Jungfrau gesandt . . . Der Name der Jungfrau war Maria" (Lk 1, 26–27).

Die Darstellung der Verkündigung beim Evangelisten Lukas spricht von der Sendung Gabriels zu Maria, der Jungfrau von Nazaret. Zugleich aber offenbart dieser Text die Sendung des Sohnes Gottes: Gott der Vater sendet ihn in die Welt und gibt ihm eine irdische Mutter. Die Sendung des Sohnes Gottes verwirklicht sich in der Menschwerdung. Das Ewige Wort, eines Wesens mit dem Vater, nimmt Fleisch an; im Schoß der Jungfrau wird es Mensch durch die Kraft des Heiligen Geistes. Im Glauben nimmt Maria die Verkündigung des Engels entgegen und spricht ihr „Fiat", ihr Ja: so wird sie Mutter Christi.

In diesem Geschehen erreicht die Heilsgeschichte ihren Höhepunkt; es beginnt die messianische Sendung Christi unter den Menschen. „Er wird groß sein und Sohn des Höchsten genannt werden . . . und seine Herrschaft wird kein Ende haben" (Lk 1, 32–33).

„Ich weiß, wie dornenreich Euer Dienst in der Katechese sein kann."

3. Die Sendung Christi, die durch das Kreuz auf Kalvaria vollbracht und durch die Auferstehung vom Vater bestätigt wurde, hat ihre Fortsetzung. Der auferstandene Herr wird den Aposteln sagen: „Wie mich der Vater gesandt hat, so sende ich euch" (Joh 20, 21). Er sendet sie aus als Zeugen des Evangeliums, als Zeugen des Kreuzes und der Auferstehung. Er sendet sie als Boten des Reiches Gottes. Er sendet sie, damit er von jetzt an durch ihren Mund, durch ihre Hände, durch ihr Herz wirken könne. In der Kraft des Heiligen Geistes hat der Sohn Gottes seine irdische Sendung übernommen und verwirklicht; in der Kraft desselben Geistes sollen nun die Apostel die Sendung erfüllen, die er an sie weitergegeben hat.

Die zweite Lesung der heutigen Liturgie stellt uns die Apostel vor Augen, wie sie in der Erwartung des Heiligen Geistes versammelt sind „zusammen mit den Frauen und mit Maria, der Mutter Jesu, und mit seinen Brüdern" (Apg 1, 14). „Sie alle verharrten einmütig im Gebet", im Gebet um den Heiligen Geist.

Ist dieser erste Kern der Urkirche nicht bereits ein Abbild des Volkes Gottes, wie es sich heute aufbaut aus den Bischöfen als den Nachfolgern der Apostel und aus den Laienchristen, Frauen und Männern? In Treue zum geoffenbarten Willen Gottes und seiner amtlichen Auslegung in der Geschichte kennt die Kirche tatsächlich zwei Dimensionen ihres Apostolates: das Apostolat des Amtes aus der apostolischen Sukzession der Bischöfe und das Apostolat der Laien aus der allgemeinen Berufung eines jeden Christen.

Das II. Vatikanische Konzil hat beide Dimensionen in ihrem eigenständigen Wert, aber auch in ihrer gegenseitigen Bezogenheit vorbildlich herausgestellt. Dort finden wir das bleibende theologische Fundament für jede konkrete Verwirklichung dieser beiden Apostolatsformen in unseren Tagen. Das Apostolat des Amtes und das Apostolat der Laien stehen nicht im Gegensatz zueinander, sondern sind zuinnerst aufeinander verwiesen. In der Urgemeinde von Jerusalem gab es keine „Kirche von oben" und keine „Kirche von unten": „Zusammen mit den Frauen und mit Maria, der Mutter Jesu, und mit seinen Brüdern verharrten alle Apostel dort einmütig im Gebet".

„Immer hat die Kirche ihre unerschöpfliche Lebenskraft bewiesen, wenn durch die vielen Jahrhunderte ihres Bestehens Gemeinschaften des geistlichen Lebens und des Apostolats entstanden sind."

4. Brüder und Schwestern! Diese Kathedrale, in der die Geschichte und der stete Glaube Eurer Heimat spürbar sind, erinnert uns daran, wie einst mutige Männer und Frauen die Botschaft von Jesus Christus in dieses Land gebracht haben. Neben Bischöfen, Priestern, Mönchen und Nonnen haben ungezählte Laien aus allen Berufen und in allen Lebensumständen das Evangelium hierhergetragen, eingepflanzt, gefördert und zur Blüte gebracht. Nur Gott kennt das Maß von Glaube, Hoffnung und Liebe, das von diesen Menschen gelebt und geweckt wurde.

Auch heute wird die Kirche nicht müde, die Gnadengaben Gottes auszusäen. Zugleich wird sie nicht müde, daran zu arbeiten, daß steinige Böden sich in fruchtbares Ackerland verwandeln. Dazu könnt gerade Ihr beitragen in Eurer spezifischen Sendung als Laien. Der Laie ist zugleich Zeichen des Heils in der Welt und Brücke zwischen Welt und Kirche. Sehr oft steht Ihr tiefer als die Priester und Ordensleute inmitten der Lebensbedingungen, der Nöte, Hoffnungen und geistigen Auseinandersetzungen unserer Zeit. Nur mit dem hochherzigen, dem Hirtenamt der Kirche verbundenen, von der sakramentalen Gnade belebten Apostolat der Laien ist die Kirche wirklich Kirche (vgl. Ad. gentes, Nr. 21).

So möchte ich Euch als Nachfolger des heiligen Petrus in dieser Stunde ausdrücklich danken für Euren Dienst an jener Sendung, die der Sohn des Vaters an seiner Kirche gegeben hat. In vielfältiger Weise dient Ihr dem Evangelium: jeder an seinem Ort und entsprechend seiner persönlichen Berufung – doch alle aufs engste miteinander verbunden. Ihr habt Euch einmal selbst für diese Berufe und Aufgaben entschieden. Zugleich aber sind sie Erwählung und Gnade Gottes.

„Ein Heiliger ist in seinem Leben und Sterben eine Übersetzung des Evangeliums für sein Land und seine Zeit."

5. Seid davon überzeugt, daß all Euer Wirken im Laienapostolat letztlich im Dienst der Verkündigung der Frohen Botschaft Jesu Christi steht. Dies trifft in einer besonderen Weise für diejenigen zu, die unmittelbar im Dienst der Glaubensvermittlung stehen. Ich denke dabei an den Religionsunterricht in der Schule und auch an alle anderen Arten von Glaubensunterweisung, besonders in der Vorbereitung auf Taufe und Firmung, auf Buße und Kommunion und auf die Ehe.

Mit dem Evangelisten Johannes bekennen wir, daß in Jesus von Nazaret das göttliche Wort Mensch geworden ist (vgl. Joh 1, 14). Gott ist Wahrheit; und es ist uns geschenkt, diese Wahrheit mitten in unserem Menschsein zu vernehmen, sie nachzusprechen, sie zu verkündigen, und dies in unseren Sprachen, mit unseren menschlichen Worten und Sätzen. Daraus leitet die Kirche die Verpflichtung ab, den Glauben auch in klaren Glaubenssätzen auszusprechen und weiterzugeben. Dies entspricht auch der Natur des Menschen, der die königliche Gabe seines Verstandes besitzt, um zu hören, zu bedenken und anzunehmen. Viele geistige Strömungen fordern die katechetische Unterweisung heraus: „Wir wollen uns, von der Liebe geleitet, an die Wahrheit halten" (Eph 4, 15), antworten wir mit dem Apostel Paulus. Werdet also nicht müde, Diener und Lehrer der Wahrheit zu sein, damit „euch die Wahrheit des Evangeliums erhalten bleibe" (Gal 2, 5). Die Heilige Schrift nennt den Widersacher Gottes „Vater der Lüge" (Joh 8, 44); unseren Beistand aber nennt sie den „Geist der Wahrheit" (Joh 4, 17).

Ich weiß, wie dornenreich Euer Dienst in der Katechese sein kann. Aber vertrauen wir darauf, daß der Geist Gottes mit seiner Wahrheit in der Kirche lebt, und stoßen wir nicht die uns Anvertrauten in die Verlassenheit einer bloß subjektiven Auslegung des Glaubens. Benützen wir alle guten Methoden, damit Wahrheit als verdauliche Speise gereicht werden kann (vgl. 1 Kor 3, 2). Zugleich aber gilt die Mahnung des Apostels: „Verkünde das Wort, tritt dafür ein, ob man es hören will oder nicht" (2 Tim 4, 2).

Jene Evangelisierung, die den Laien anvertraut ist, geschieht aber vor allem im jeweiligen Lebensmilieu. Mit Recht sagen wir, daß die Eltern die ersten Katecheten ihrer Kinder, daß die Arbeiter die ersten Apostel der Arbeiter sind, daß Jugendliche ihre Freunde oft besser anzusprechen wissen als Erwachsene. Wo immer Ihr als gläubige Katholiken lebt, berufen durch Taufe und Firmung, dort seid Ihr wahre und echte Glaubensboten, bestellt zur Befreiung der Menschen durch die Wahrheit (vgl. Joh 8, 32).

Es wird oft hilfreich sein, sich dafür in Gemeinschaften zusammenzuschließen. Immer hat die Kirche ihre unerschöpfliche Lebenskraft bewiesen, wenn durch die vielen Jahrhunderte ihres Bestehens Gemeinschaften des geistlichen Lebens und des Apostolates entstanden sind. Manche sind zeitbedingt; manche bleiben durch viele Jahrhunderte lebendig.

Ich grüße alle diese Gemeinschaften! Ich weiß um Euren Beitrag zum Aufbau des kirchlichen und gesellschaftlichen Lebens, den Ihr bisher geleistet habt und der auch heute von Euch erwartet wird. Bemüht Euch dabei um eine ständige Erneuerung aus den Quellen, die uns die Lehre der Kirche und das Vorbild heiligmäßiger Menschen anbieten. Die Feier der Geheimnisse Christi, zumal die Eucharistie, muß die unverrückbare Mitte bilden, aus der Ihr Eure apostolische Kraft bezieht.

Seit langem gibt es auch in Eurem Lande zahlreiche Menschen, die bereit sind, die Bischöfe und Priester in ihrer Seelsorge unmittelbar zu unterstützen. Vor allem die Seelsorgshelferinnen haben Pionierarbeit geleistet für einen Dienst, der heute in den Gemeinden immer bekannter wird im Beruf des Pastoralassistenten. Dankbar denke ich auch an viele andere Männer und Frauen, die hauptamtlich dem Reich Gottes in der Kirche dienen: Sakristane und Organisten, Juristen und Fachleute der Verwaltung. Besonders intensiv stellen die Mitarbeiter der katholischen Caritas und alle, die in christlicher Gesinnung sich den vielfältigen Werken der Barmherzigkeit widmen, das liebevolle Antlitz und die helfenden Hände Christi dar. Ihr werdet durch Euer ganzes Tun zum Zeichen für das Erbarmen Gottes mit dem bedrängten Menschen. Das Mitleiden im Namen Jesu sollte die personale Wurzel jeglicher Sozialarbeit der Kirche sein.

Zur sinnvollen Koordinierung all dieser Dienste im kirchlichen Bereich bestehen auch bei Euch Pfarrgemeinderäte und ähnliche Gremien auf höherer Ebene. Sie alle machen die Wirklichkeit des ganzen Volkes Gottes deutlich. Sie tragen dazu bei, daß Priester und Laien gemeinsam Wege der Evangelisierung suchen können; sie helfen, daß die Kirche auch in der öffentlichen Meinung Eures Landes ihre Stimme besser zur Geltung bringt.

Schließlich möchte ich noch jene nennen, die oft Dienste im Verborgenen leisten. Es ist nicht gleichgültig, ob das Gebäude einer Kirche mit Liebe gepflegt und geschmückt wird; es ist nicht gleichgültig, wer die Pfarrhöfe betreut; es hat seine Bedeutung, mit welchem Geist die vielfachen kleinen Verrichtungen in einer Gemeinde getan werden, die in den Augen Gottes groß sein können. Auch sie brechen dem Evangelium Bahn, wenn sie aus überzeugtem Herzen getan werden.

„Viele Eurer Kirchen sind hervorragende Kunstwerke, sie dürfen jedoch nicht zu Museen werden."

6. Liebe Brüder und Schwestern! Damit Eure Arbeit in den verschiedenen Bereichen des Laienapostolates zur vollen Wirkung gelangen kann, müßt Ihr selbst vom Geiste Christi zutiefst beseelt und durchdrungen sein. Deshalb rufe ich Euch auf, Euer eigenes Leben zu heiligen. In Eurem Land haben Heilige gelebt und gewirkt, deren Andenken unvergessen ist. Hier in Wien gedenken wir besonders des heiligen Klemens Maria Hofbauer. Es waren Priester und Laien, Männer und Frauen, Ordensmänner und Ordensfrauen. Und auch in jüngster Zeit gab es bei Euch Menschen, auf die wir, wenn sie auch nicht oder noch nicht zur Ehre der Altäre erhoben wurden, mit Dankbarkeit und Hoffnung blicken.

Ein Heiliger ist in seinem Leben und Sterben eine Übersetzung des Evangeliums für sein Land und seine Zeit. Christus zögert nicht, seine Jünger zur Nachfolge, ja zur Vollkommenheit aufzufordern (vgl. Mt 5, 48). Die Bergpredigt ist eine einzige Schule, um heilig zu werden. Habt keine Angst vor diesem Wort und habt keine Angst vor der Wirklichkeit eines heiligen Lebens! Sicher bedarf die Kirche ihrer großen Einrichtungen, ihrer Strukturen, auch ihrer finanziellen Mittel. Die Quelle ihres Lebens aber ist der Geist Gottes, der sich in den Menschen ganz konkret ausprägen möchte.

Pflegt also das Gebet, besonders auch das persönliche Gebet. Viele Eurer Kirchen sind hervorragende Kunstwerke, sie dürfen jedoch nicht zu Museen werden. Die beständige Treue des stillen Gebetes vieler Menschen vor dem Tabernakel trägt dazu bei, diesen Kirchen ihre wahre Bestimmung und Würde zu erhalten.

Belebt in Euren Gemeinden wieder die Gesinnung und das Sakrament der Buße. Im Gleichnis vom Pharisäer und Zöllner (vgl. Lk 18, 10ff.) spricht der Herr deutlich aus, mit welcher Gesinnung jemand den Raum und ebenso das geistige Gebäude der Kirche betreten soll. Ohne Buße wächst Anklage gegen Anklage, und aus diesen Anklagen wachsen Feindschaft, Unfrieden, ja Krieg. Unsere Buße vor Gott dient nicht allein der eigenen Heiligung, sondern sie ist ebenso eine Heilung Eurer Umwelt. So werden wir zu lebendigen Zeichen der Hoffnung inmitten von Menschen, die ihre Schuld verdrängen oder von ihr erdrückt werden.

Bittet Gott um die Gnade, Euer Kreuz tragen zu können. Vielfach ist unser Leben gefährdet, und viele Pläne scheitern. Es gibt nicht wenige Menschen – auch in Eurem Land –, die dann keinen Sinn mehr in ihrem Leben finden. Gebt Ihr ihnen durch Eure demütige Kraft neuen Mut, ihr Kreuz zu tragen. Ihr seid dann für sie ein befreiendes Beispiel; in Euch sehen sie den Weg, um zusammen mit unserem Erlöser zu Ölberg und Auferstehung gelangen zu können.

Und schließlich: Lebt mutig Euer ganz persönliches Leben, auch wenn es Euch unbedeutend erscheint. Die große Lehrmeisterin des kleinen Lebens, Theresia von Lisieux, hat uns in ihren kurzen Lebensjahren die Einsicht eröffnet, wie groß die kleinen, normalen Tätigkeiten vor Gott sein können. Auch Charles de Foucauld ist hier zu nennen, der das verborgene Leben Jesu in Nazaret als großes Vorbild erkannt hat. Es gibt die aufsehenerregende Heiligkeit einiger Menschen; es gibt ebenso auch die unbekannte Heiligkeit des täglichen Lebens.

In all dem ist Maria Euch Vorbild. „Der Engel trat bei ihr ein“ und grüßte sie als die Begnadete. „Ave Maria, gratia plena“, so grüßt sie die Kirche über die Jahrhunderte hin. Der Herr ist mit ihr. Ja, der Herr sei auch mit Euch in der Heiligung Eures Lebens und in Eurem apostolischen Dienst. Das ist der Wunsch des Papstes, und das ist der priesterliche Dienst Eurer Bischöfe, Priester und Diakone an Eurer Berufung.

„Ohne Buße wächst Anklage gegen Anklage, und aus diesen Anklagen wachsen Feindschaft, Unfrieden, ja Krieg.“

7. Zum Abschluß möchte ich noch einmal auf die Worte der heutigen Liturgie zurückkommen. Die erste Lesung aus dem Buch Jesus Sirach spricht von der Weisheit, die „aus dem Mund des Höchsten hervorging“ (24, 3).

Liebe Brüder und Schwestern! Wir wollen diese Weisheit lieben! Dann werden wir unsere Freude finden an einem Apostolat, das im Dienst dieser göttlichen Weisheit steht.

Durch diesen Dienst von vielen Generationen hat die Weisheit „bei einem ruhmreichen Volk Wurzel gefaßt“, im „Anteil des Herrn“, in seinem „Erbbesitz“ (24, 12). Durch den gleichen Dienst der gegenwärtigen Generation von Boten der göttlichen Weisheit möchte dieser in der heutigen Welt Wurzel fassen.

Laßt uns diesem ewigen Wunsch der göttlichen Weisheit nachkommen. Öffnen wir ihr unser Herz. Bringen wir sie den Menschen und den Dingen in unserer Umgebung nahe. Erschließen wir ihr den Zugang zu Moral und Kultur, zum sozialen, politischen und wirtschaftlichen Leben.

Die göttliche Weisheit ist das Licht, das die ganze Schöpfung durchdringt.

Sie umfaßt in ihrer Liebe den Schöpfer und die Schöpfung, Gott und die Menschheit.

Brüder und Schwestern! Gehen wir die Wege dieser Weisheit! Werden wir ihre Boten! Dienen wir dem Heil, das Gott selbst der Menschheit in Jesus Christus anbietet. Amen.

Der Papst fand während seines Besuches in Österreich aufmerksame Zuhörer. Im Bild der Heilige Vater bei seiner Ansprache im Stephansdom an die Mitarbeiter in den verschiedenen kirchlichen Diensten (12. September).

Ob auf der Straße oder im Stephansdom: Der Papst sucht – und findet Kontakt zu allen Menschen.

Das Staatsoberhaupt geleitet den hohen Gast durch die Räume der Präsidentschaftskanzlei. Er trifft dort mit dem „offiziellen Österreich" zusammen.

Der Heilige Vater im privaten Gespräch mit prominenten Vertretern der Wissenschaft.

Begegnung des Papstes mit Vertretern von Wissenschaft und Kunst

Vor rund 1200 Vertretern von Kunst, Wissenschaft und Publizistik erklärte Johannes Paul II. am 12. September 1983 im Großen Festsaal der Wiener Hofburg in einer inzwischen vielzitierten Festansprache:

Ort: Kongreßzentrum der Wiener Hofburg
Zeit: 12. September, 11 Uhr
Teilnehmer: 1200 geladene Gäste

1. Mit Freude über diese Begegnung begrüße ich Sie alle. Unter Ihnen ebenso Forscher und Lehrer der österreichischen Universitäten, Hochschulen und Akademien wie Künstler aus den verschiedenen Bereichen der bildenden Künste, der Musik, der Literatur und des Films. Unter Ihnen sind auch Verantwortliche von Presse, Rundfunk und Fernsehen. Zugegen sind schließlich jene, die in der Kirche Österreichs um eine schöpferische Begegnung mit Wissenschaft, Kunst und Medien bemüht sind, an ihrer Spitze der Herr Kardinal.

2. Könnte ich Ihnen nicht begegnen, würde meinem Besuch in Österreich ein wichtiges Element fehlen. Ihr Land hat in der konfliktreichen, aber fruchtbaren Überschneidung mehrerer Kulturen über Jahrhunderte einen großartigen und unverwechselbaren Beitrag zu Wissenschaft und Kunst erbracht, und Sie fügen diesem reichen Erbe Ihren Beitrag für heute und morgen hinzu. Die Geschichte von Wissenschaft und Kunst ist in Österreich, wie in Europa überhaupt, auf vielfältige Weise verbunden mit der Geschichte des Glaubens und der Kirche. Konflikte haben diese Verbindung zuweilen belastet, ja fast unterbrochen. Diese Konflikte sollen uns aber den Blick auf soviel in gemeinsamer Bemühung Geglücktes nicht verstellen, noch dürfen sie ein neues Gespräch zwischen Wissenschaft, Kunst und Kirche zum Wohle der Menschen verhindern.

„Alle Wissenschaft vollendet sich als Wissenschaft von Menschen und für Menschen. Dies gilt in gewisser Hinsicht auch von der Theologie, die gerade so vom Menschen handelt, daß sie ihn überschreitet und von seinem Schöpfer her sieht."

3. Mögen wir uns im übrigen auch an verschiedenen Ufern aufhalten, so begegnen wir einander doch in der Frage nach dem Menschen und seiner Welt, in der Sorge um ihn und in der Hoffnung für ihn. Und wir tun dies in einer weltgeschichtlichen Situation, in welcher die Zukunft des Menschen radikal bedroht ist. In einer solchen Stunde sind alle schöpferischen, alle nachdenklichen und gutwilligen Menschen aufgerufen, ihre Kräfte mehr als je zu verbinden, damit der Weg des Menschen, der Weg der Menschheit nicht durch Katastrophen blockiert oder beendet werde.

4. Am Sitz der UNESCO in Paris habe ich vor drei Jahren den dort versammelten Verantwortlichen aus allen Kulturen der Menschheitsfamilie zugerufen: „Seht da: der Mensch!" Und ich fügte hinzu: „Man muß den Menschen lieben, weil er Mensch ist."

   Hier in Wien und vor Ihnen möchte ich diese Worte wiederholen. Der Mensch ist ja das zusammenfassende Thema aller Wissenschaft und aller Kunst, und die Medien haben gerade dies zum Ziel, Menschen miteinander zu verbinden.

   Der Mensch als Individuum, als Mitmensch und als Kind Gottes ist auch das Thema der Kirche: so sehr, daß ich in meiner Enzyklika „Redemptor hominis" sagen konnte: „Dieser Mensch ist der erste Weg, den die Kirche bei der Erfüllung ihres Auftrages gehen muß: ein Weg, der von Christus selbst vorgezeichnet ist und unabänderlich durch das Geheimnis der Menschwerdung Gottes und der Erlösung führt" (Nr. 14).

   Die Kirche bekennt den kühnen Glauben, daß der Mensch ein Bild Gottes ist und daß er bei Gott seine ewige Zukunft hat.

„Die Geschichte von Wissenschaft und Kunst ist in Österreich, wie in Europa überhaupt, auf vielfältige Weise verbunden mit der Geschichte des Glaubens und der Kirche."

„Die Kirche bekennt den kühnen Glauben, daß der Mensch ein Bild Gottes ist und daß er bei Gott seine ewige Zukunft hat."

5. Vor diesem Hintergrund möchten Sie bitte die schlichten Gedanken sehen, die ich Ihnen nun vorlege.

   Alle Wissenschaft vollendet sich als Wissenschaft von Menschen und für den Menschen. Das gilt in gewisser Hinsicht auch von der Theologie, die gerade so vom Menschen handelt, daß sie ihn überschreitet und von seinem Schöpfer her sieht.

   In allen ihren Bereichen hat sich die Wissenschaft weitestgehend spezialisiert. Dies war eine der Voraussetzungen für jene Entdeckungen und Entwicklungen, die uns staunen lassen über den Geist des Menschen und die den Glaubenden darüber hinaus zum Lob des Schöpfers dieses Geistes drängen. Die technische Anwendung des wissenschaftlichen Fortschritts hat die Bedingungen menschlichen Lebens vielfach verbessert. Man denke nur an die Erfolge im Kampf gegen Hunger und Schmerz.

Auch die von der Wissenschaft in Anspruch genommene Wertfreiheit, Wertneutralität ihres Handelns kann als asketische Distanz zu eigenem Wunschdenken reinigend auf die Analyse wirken, wenn sie sich nicht so verabsolutiert, daß sie den unabdingbaren Anspruch sittlicher Werte nicht mehr erkennt.

6. Wie jedes menschliche Handeln steht aber auch jenes der Wissenschaft und ihrer technischen Anwendung unter einer unaufhebbaren Ambivalenz. Der Mensch ist bedroht durch das, was er selbst produziert. Im Blick auf die Katastrophe von Hiroshima hat der Physiker Jakob Robert Oppenheimer bekannt: „Die Physiker haben die Sünde kennengelernt."

Angesichts der vielfältigen Bedrohungen der Menschheit als Folge technischer Umwälzungen wächst vielerorts die Skepsis gegen Wissenschaft und Technik und entwickelt sich da und dort sogar zur Feindschaft. Dennoch wird nicht der Verzicht auf Wissenschaft und technische Anwendung ihrer Ergebnisse die Probleme lösen, sondern nur ein fortgesetzter, vielleicht sogar noch stärkerer Einsatz beider, freilich unter humanem Maßstab. Denn nicht Wissenschaft und Technik als solche bedrohen den Menschen, sondern ihre Loslösung von sittlichen Maßstäben.

„Es ist an der Zeit, daß der Mensch, Gottes Ebenbild, wieder Herz und Ziel von Wissenschaft und Technik werde, damit das Werk seines Geistes und seiner Hände nicht ihn und seine Umwelt verschlinge."

7. Es ist an der Zeit, daß der Mensch – Gottes Ebenbild – wieder Herz und Ziel von Wissenschaft und Technik werde, damit das Werk seines Geistes und seiner Hände nicht ihn und seine Umwelt verschlinge. Dazu müssen sich Wissenschaft, Technik und Politik jene Fragen stellen, die ebenso auf den unverwechselbaren Einzelmenschen wie auf die ganze Menschheit zielen. Fragen, deren zeitweilige Suspendierung den wissenschaftlichen Fortschritt mitermöglicht hat. Fragen der Philosophie und der Religion, die auf Sinn, Grenzen, Prioritäten und Kontrolle wissenschaftlichen und technischen Handelns abzielen, wobei es selbstverständlich nicht um eine Eingrenzung oder Fremdbestimmung der sogenannten Grundlagenforschung in ihrer Suche nach der Wahrheit gehen darf. Diese Fragen erscheinen im ersten Buch der Bibel als Gottes bleibende Fragen an den Menschen: „Adam, wo bist du?" und „Kain, wo ist dein Bruder Abel?" Die Sensibilität hängt in hohem Maße auch vom Beitrag der Humanwissenschaften ab, von denen ich in meiner Ansprache vor dem Institut Catholique in Paris sagte, sie seien das freiliegende Kapital unserer Zeit: sie zeigten aber trotz der Horizonte, die sie uns eröffnen, auch die ihnen anhaftenden Grenzen.

„Über die Grenzen von Ländern und Machtblöcken hinweg bildet sich eine wissenschaftliche Weltgemeinschaft, die sich aus ethischer Verantwortung mit der Gefährdung des Menschen durch genetische Manipulationen, biologische Experimente und die Vervollkommnung chemischer, bakteriologischer und nuklearer Waffen nicht einfach abfindet."

8. Es ist ermutigend zu wissen, daß die Allianz jener, die sich als Wissenschaftler selbst solche Fragen stellen, im Wachsen begriffen ist. Über die Grenzen von Ländern und Machtblöcken hinweg bildet sich eine wissenschaftliche Weltgemeinschaft, die sich aus ethischer Verantwortung mit der Gefährdung des Menschen durch genetische Manipulationen, biologische Experimente und die Vervollkommnung chemischer, bakteriologischer und nuklearer Waffen nicht einfach abfindet. Ein Beispiel dafür gaben jene 58 Wissenschaftler aus allen Erdteilen, die im September 1982 anschließend an eine Tagung der Päpstlichen Akademie der Wissenschaften eine Erklärung über die Vermeidung eines Atomkrieges veröffentlicht haben (OR, deutsche Ausgabe, Nr. 26, 1. Juli 1983, S. 13–14).

„Die Erde ist im Horizont des Glaubens kein schrankenlos ausbeutbares Reservoir, sondern ein Teil des Mysteriums der Schöpfung, dem man nicht nur zugreifend begegnen darf, sondern Staunen und Ehrfurcht schuldet."

9. Der Mensch und seine Welt – unsere Erde, die sich bei der ersten Weltraumfahrt als Stern in Grün und Blau gezeigt hat –, sie müssen bewahrt und entfaltet werden. Dazu gehört ein behutsamer Umgang mit dem Leben, auch mit dem tierischen Leben, und mit der ganzen belebten und unbelebten Natur. Die Erde ist im Horizont des Glaubens kein schrankenlos ausbeutbares Reservoir, sondern ein Teil des Mysteriums der Schöpfung, dem man nicht nur zugreifend begegnen darf, sondern Staunen und Ehrfurcht schuldet.

10. Das Staunen öffnet uns aber nicht nur einen oft vergessenen Weg zur Natur als Schöpfung Gottes, sondern auch einen Weg zur Kunst als Werk des schöpferischen Menschen. Max Reinhardt, der die Salzburger Festspiele mitbegründet hat, nannte die Kunst ein Lebensmittel, also eine Bedingung entfalteten menschlichen Lebens. Und der Dichter Rainer Maria Rilke, der Ihrem kulturellen Raum angehört, sprach vom Kunstwerk, von der Musik als von etwas, das hinreißt und tröstet und hilft. Helferin des Menschen, das ist eine schöne

Dank an die Medien und Publizisten
„Ich danke Ihnen für Ihren großen Beitrag dazu, daß das Wort der Kirche gerade auch in diesen Tagen meines Besuches so viele Menschen erreichen konnte. Im Namen Unzähliger, welche diesen Dienst von Ihnen erwarten und benötigen, bitte ich Sie: Bauen Sie beharrlich Brücken zwischen getrenntesten Ufern und über Grenzen hinweg. Ihr Land bietet dafür besondere Möglichkeiten. Betrachten Sie den Menschen und die Gesellschaft nicht nur mit einem unerbittlich diagnostizierenden Blick, sondern mit einem Blick der Hoffnung, mit dem Spürsinn für mögliche Veränderungen zum Besseren."

Definition der Kunst, ein schöner Auftrag für sie. Diesem Auftrag entspricht sie aber nur, wenn sie ihre Freiheit an das Humanum bindet. Das Humanum seinerseits kommt in seiner Größe mit all seinen Hoffnungen, aber auch Gefährdungen nur in den Blick, wenn es im Horizont des Unendlichen, im Horizont Gottes, gesehen wird, der letztlich hinter aller Sehnsucht des Menschen steht und sie allein erfüllen kann.

Der einzelne wie die Gesellschaft brauchen die Kunst zur Deutung von Welt und Leben, zur Ausleuchtung der epochalen Situation, zum Erfassen der Höhen und Tiefen des Daseins. Sie brauchen Kunst, um sich dem zuzuwenden, was die Sphäre des bloß Nützlichen übersteigt und so erst den Menschen vor sich selber bringt. Sie brauchen Literatur und Dichtung: ihr sanftes wie ihr prophetisch zorniges Wort, das oft am besten reift in Einsamkeit und Leiden. Nach einem tiefen Gedanken Beethovens ist der Künstler gewissermaßen zu einem priesterlichen Dienst berufen.

11. Auch die Kirche braucht die Kunst, und zwar nicht erst, um ihr Aufträge anzuvertrauen und so ihren Dienst zu erbitten, sondern um mehr und Tieferes über die „Conditio humana", über Glanz und Elend des Menschen zu erfahren. Sie braucht die Kunst, um besser zu wissen, was im Menschen ist: in jenem Menschen, dem sie das Evangelium verkünden soll.

Im besonderen bedarf die Kirche der Kunst für ihre Liturgie, die in ihrer Vollgestalt ein durch den Glauben inspiriertes Kunstwerk sein will unter Einbeziehung aller schöpferischen Kräfte aus Architektur, bildender Kunst, Musik und Dichtung. In ihrer eschatologischen Dimension verstanden will die Liturgie Teilhabe am Glanz und Klang des ewigen Jerusalem sein, von dem die Bibel in ihrem letzten Buch in künstlerischer Sprache spricht. Diese Stadt ist der Ort, wo die Schönheit und das Gute, die im Lauf der Geschichte so oft und so schmerzlich auseinanderfallen, für immer vereint sind.

Albert Einstein sagt, daß an der Wiege der wahren Kunst und der wahren Wissenschaft das Geheimnis stünde. In die Tiefe dieses Geheimnisses verweisen Religion und Kirche und verbinden sich so mit der Kunst und der Wissenschaft.

Man hat zuweilen vom bevorstehenden oder angekommenen Ende der Kunst gesprochen. In dieser Hinsicht ergeht es der Kunst, aber auch der Philosophie ähnlich wie der Kirche. Ich selbst vertraue auf die Unerschöpflichkeit der Kunst in allen ihren Bereichen, weil ich von der Unerschöpflichkeit des menschlichen Geistes und der menschlichen Phantasie überzeugt bin: „Gott schuf den Menschen als sein Abbild" (Gen 1, 27). Von dem allmählich wieder beginnenden Gespräch zwischen Kunst und Kirche dürfen wir als Ergebnis vielleicht auf lange Sicht auch künstlerische Werke erwarten, die den Menschen, Glaubenden wie Suchenden, auf eine neue Weise Augen, Ohren und Herz auftun.

12. Darf ich mich nun auf besondere Weise Ihnen zuwenden, die als Publizisten den Menschen einen wichtigen Dienst tun? Ihr Dienst ist Vermittlung, seine Instrumente heißen darum Medien. Ich danke Ihnen für Ihren großen Beitrag dazu, daß das Wort der Kirche gerade auch in diesen Tagen meines Besuches so viele Menschen erreichen konnte.

Im Namen Unzähliger, welche diesen Dienst von Ihnen erwarten und benötigen, bitte ich Sie: Bauen Sie beharrlich Brücken zwischen getrenntesten Ufern und über Grenzen hinweg. Ihr Land bietet dafür besondere Möglichkeiten. Betrachten Sie den Menschen und die Gesellschaft nicht nur mit einem unerbittlich diagnostizierenden Blick, sondern mit einem Blick der Hoffnung, mit dem Spürsinn für mögliche Veränderungen zum Besseren. Ermöglichen Sie es dem Guten, als wenigstens ebenso spannend erlebt zu werden wie das Unerfreuliche. Und zeigen Sie auch im Bedauerlichen das damit verbundene Gute. „Seht da, der Mensch!" Mit diesem Wort möchte ich meine Überlegungen zusammenfassen. Verehrte Wissenschaftler, Künstler und Publizisten, übersehen und überhören Sie ihn nie: den hoffenden, liebenden, angsterfüllten, leidenden und blutenden Menschen. Seien Sie sein Anwalt, hüten Sie seine Welt: diese schöne, gefährdete Erde. Sie treffen sich dabei mit den Anliegen der Kirche, die unverwandt auf jenen schaut, über den Pilatus sagt „Ecce homo". Jesus Christus – Gottes und der Menschen Sohn – ist der Weg zur vollen Menschlichkeit. Er ist auch das Ziel. Möge es vielen geschenkt werden, ihn neu zu erkennen – auch durch Sie.

Der Papst spricht eindringlich, beschwörend, manchmal fast bittend. Immer stellt er den Menschen in den Mittelpunkt seiner Überlegungen. „Übersehen und überhören Sie ihn nie: den hoffenden, liebenden, angsterfüllten, leidenden und blutenden Menschen. Seien Sie sein Anwalt, hüten Sie seine Welt: diese schöne, gefährdete Erde..."
Der Beifall dauerte Minuten, er schien kein Ende zu nehmen. Alle hatten sich von den Sitzen erhoben. Johannes Paul II. blickte versonnen auf die Versammlung. Dieser Beifall, diese Zustimmung sind ihm überall gewiß. Der Mann in Weiß sagt uns Wahrheiten, gegen die es keinen Widerspruch gibt. Die Medien verbreiten seine Botschaft in früher ungeahnter Weise. Alle scheinen zu wissen, daß er recht hat. Nur die, die es angeht, hören ihn nicht oder hören nicht auf ihn.
„Neue Kronen Zeitung", 13. 9. 1983

Treffen des Papstes mit den österreichischen Bischöfen

In den Mittagsstunden des 12. September traf der Heilige Vater im Erzbischöflichen Palais mit den österreichischen Bischöfen zusammen. Das Treffen schloß mit einem gemeinsamen Mittagessen. Zuvor aber hielt der Papst nach der persönlichen Begrüßung aller Bischöfe folgende Ansprache:

Meine lieben bischöflichen Mitbrüder!

Ort: Erzbischöfliches Palais
Zeit: 12. September, 12.30 Uhr

Dieses Zusammentreffen mit Ihnen hat eher familiären Charakter. Heute mittag ist unser Kreis klein und übersichtlich. Den meisten von Ihnen bin ich schon früher begegnet. Einige sind mir bereits lange bekannt und – wie der Vorsitzende Ihrer Bischofskonferenz, unser verehrter Kardinal – durch viele Gespräche vertraut und nahe.

Doch auch das Zusammentreffen im Familienkreis kennt gelegentlich eine deutende Ansprache, wenn etwa der besondere Anlaß ein Wort fordert, das über den Augenblick orientiert und auch eine Weisung für die Zukunft sucht. In diesem Sinn möchte ich mich heute an Sie wenden. Lassen Sie mich Ihnen eröffnen, welche Gedanken mich bewegen, oder vielmehr einen Gesichtspunkt hinsichtlich des Diensts in der Kirche Ihres Landes mit Ihnen bedenken.

In den letzten Jahren hat sich die Art geändert, in der das bischöfliche Amt ausgeübt wird. Das konziliare Kirchenverständnis sowie das zeitgenössische Denken haben den bischöflichen Leitungsstil beträchtlich umgeformt. Bischöfe müssen heute dem Leben der Gläubigen näher sein. Zäune der Konvention und mancherlei Vorzimmerschranken sind gefallen. – Und wer immer im Evangelium den Aufruf zur größeren Brüderlichkeit unter den Christen hört, kann für diese Wiederentdeckung von mehr Gemeinschaft nur dankbar sein. Mehr noch: Der Amtsträger erkennt sie als Chance, in der unmittelbaren Begegnung mit vielen Christen seine eigene Gottesbeziehung sprechen zu lassen und so die persönliche Glaubensüberzeugung für die Pastoral wirksam zu machen. Auch ich beabsichtige das bei meinen sonntäglichen Besuchen in den römischen Pfarreien.

„In den letzten Jahren hat sich die Art geändert, in der das bischöfliche Amt ausgeübt wird. Das konziliare Kirchenverständnis sowie das zeitgenössische Denken haben den bischöflichen Leitungsstil beträchtlich umgeformt. Bischöfe müssen heute dem Leben der Gläubigen näher sein. Zäune der Konvention und mancherlei Vorzimmerschranken sind gefallen. Und wer immer im Evangelium den Aufruf zur größeren Brüderlichkeit unter den Christen hört, kann für diese Wiederentdeckung von mehr Gemeinschaft nur dankbar sein."

Mir scheint, die Menschen der Gegenwart brauchen nachdrücklich die Stärkung im Glauben durch den gottverbundenen Zeugen. Allen Gliedern der Kirche, besonders den Mitbrüdern im Priesteramt, kann der geistliche Austausch zur großen Hilfe werden für den Weg zu Gott und für den Seelsorgsdienst. Schließlich sind solche Begegnungen uns selbst eine geistliche Kraft. Wie es beispielsweise der Völkerapostel erwartet, wenn er seiner Gemeinde in Rom schreibt: „Ich sehne mich danach, zu euch zu kommen; ich möchte euch geistliche Gaben vermitteln, damit ihr dadurch gestärkt werdet, oder besser: damit wir, wenn ich bei euch bin, miteinander Zuspruch empfangen durch euren und meinen Glauben" (Röm 1, 11 ff.).

So bringt der neue bischöfliche Leitungsstil nicht nur eine gute Möglichkeit – er wird gewissermaßen zur Verpflichtung, zum vorzüglichen Pastoralinstrument in einer Zeit, da Gottes Antlitz vielen Menschen dunkel und unerkennbar geworden ist.

Die Erfahrung der scheinbaren Abwesenheit Gottes lastet ja nicht nur auf den Abständigen und Fernstehenden, sie ist generell. Die Geistesströmung des gängigen gesellschaftlichen Bewußtseins prägt also gleichfalls die aktiven Glieder der Kirche, die ja, wenn auch nicht von der Welt, so doch in der Welt sind. Nöte und Wünsche sind allen Menschen gemeinsam. Die Kirche ist keine selige Insel. Fragestellungen und Probleme der Öffentlichkeit haben in Diözesen und Gemeinden ihr provozierendes Echo.

Darum sieht sich der kluge Hirte genötigt, in Welt und Kirche vor allem anderen dem Licht Raum zu schaffen, das aus dem Glauben an die wirksame Anwesenheit Gottes kommt. Der Einfluß des Säkularismus ist evident. Er straft alle die Lügen, die die Grundaussagen des Glaubensbekenntnisses für Binsenwahrheiten halten. „Ich glaube an Gott, den allmächtigen Vater . . ." Formt dieser Satz wirklich das Leben der Christen von heute? Der Katholik unserer Zeit führt wohl kaum von vornherein schon und mit Selbstverständlichkeit sein Leben im Angesicht Gottes. Die Verknüpfung des Alltags mit Gott ist ihm keineswegs von selbst gegeben. Davon auszugehen, alle Glieder der Kirche erlebten ihre Entscheidungen, Ängste und Freuden ohne weiteres in der Zwiesprache mit dem Vater im Himmel, wäre eine Illusion.

„Mir scheint, die Menschen der Gegenwart brauchen nachdrücklich die Stärkung im Glauben durch den gottverbundenen Zeugen."

Im Gegenteil: Stärker denn je wird es heute ein Problem, wenn die Implikationen kirchlichen Tuns von der Seelsorge nicht deutlich gemacht werden, wenn die stillschweigend vorausgesetzte Gottesbeziehung als garantiert angesehen wird. Wenn wir uns nicht mehr mühen, sie bewußt zu leben, verliert sie ihre Kraft.

„Die Kirche ist keine selige Insel. Fragestellungen und Probleme der Öffentlichkeit haben in Diözesen und Gemeinden ihr provozierendes Echo."

Jesus läßt in seiner Predigt keine Gelegenheit aus, an die Nähe des Vaters zu erinnern – etwa nach den Aufzeichnungen des Johannesevangeliums. Oft verbindet er das Geschehen ausdrücklich mit dem Vater im Himmel – wie im Gespräch mit Nikodemus oder mit der Samariterin; bei der Heilung des Gelähmten und des Blindgeborenen oder während der großen Eucharistierede. Wo immer er lehrt, führt er seine Zuhörer geistig zum handelnden Vater – der den Sohn sendet; der dem Sohn das Leben gegeben hat; dessen Werke offenbar werden müssen; der das Lebensbrot reicht und dem die Anbetung gebührt. – Die Proklamation der Herrschaft Gottes, d. h., daß wir Menschen uns faktisch und uneingeschränkt vom Herr-Sein Gottes bestimmen lassen, ist für Jesus der Sinn seiner Sendung.

Alle vier Evangelien vermerken demzufolge, wie allgegenwärtig der Vater für Jesus ist; wie unablässig ihn seine Seele sucht. Die Evangelien lassen ebenso erkennen, daß Jesus diese Gegenwart des Vaters seinen Hörern zutiefst einprägen möchte. Der Herr tat es in einem Volk, das durch Geschichte und Frömmigkeit, Geistesleben und Brauchtum ohnehin in beispielloser Weise auf Jahwe bezogen war. Um wieviel mehr braucht diesen Verweis die Menschheit der Gegenwart, in der Gott so fern erscheint, daß man sogar eine „Theologie vom Tode Gottes" erfand.

Der Überstieg von der Alltagswelt hin vor das Angesicht Gottes drängt sich Jesus auf die Lippen. Dabei geht es ihm zunächst gar nicht darum, seine eigene Würde und Legitimation zu sichern; er anerkennt den Vater ausdrücklich als den, der größer ist (vgl. Joh 14, 28). Vielmehr artikuliert sich in diesem Überstieg die Grundkraft seines Wesens; diese Grundkraft gibt ihm die Worte ein. Denn die Verbundenheit mit dem Vater ist für ihn allumfassend.

Bitte, verstehen Sie mich nicht falsch! Ich möchte das immer neue und ausdrückliche Einbringen des gegenwärtig wirkenden Vaters in all unser kirchliches Reden und Handeln nicht empfehlen als bloße pastorale Methode. Der Verweis auf den Vater im Himmel als seelsorgliche Technik wäre eine arge Profanierung. Vielmehr muß das Bewußtsein seiner Nähe so wachsen, daß es von selbst in Wort und Tat durchscheint. Unsere Gemeinden und vor allem unsere priesterlichen Mitbrüder sollten unsere Gottverbundenheit als die tiefste Motivation all unseres Dienstes entdecken. So könnten wir unsere Brüder und Schwestern von dieser Anwesenheit Gottes lebendig überzeugen und in ihnen den Wunsch wekken, Gottes Gemeinschaft und seinen Willen immer inniger zu suchen.

„Das Zweite Vatikanische Konzil war für die Kirche ein verheißungsvoller Neubeginn, dessen Impulsen Ihr Dienst in der Kirche von Österreich gilt. Auch meine Besuche in Kontinenten und Ländern wollen die Kraft dieser Erneuerung stärken. Ich bin zutiefst durchdrungen von der Überzeugung, diese Erneuerung werde um so mehr Dynamik entwickeln, je andauernder und treuer wir, die Hirten der Kirche, in der Gemeinschaft mit Jesus die Nähe des Vaters im Himmel suchen."

Wer die Verwiesenheit auf den Vater im Himmel tiefer leben möchte, kann wohl nichts besseres tun, als auf Jesus zu schauen. Das Neue Testament gibt uns – wenn auch spärlich – Andeutungen über seine Weise, die Vertrautheit mit dem Vater zu pflegen. Vor allem sind es die Hinweise auf die langen Zeiten des Gebets, die hier bedacht sein wollen, zum Beispiel von der Wahl der zwölf Apostel (vgl. Lk 6, 12).

Die Gemeinschaft mit dem Vater im andauernden Gebet, in der – ich möchte es ruhig so nennen – mystischen Versenkung, ist wohl die entscheidende Quelle von Jesu Geborgenheit beim Vater. Beim Vater aufgehoben, fragt er nicht ängstlich nach dem morgigen Tag und rät auch seinen Zuhörern, nicht auf Geld und Gut zu setzen, sondern die Sorge um Besitz und Sicherheit abzugeben. Er tritt in souveränem Mut für Gott und seine Ehre ein, ohne die Menschen zu fürchten. Er fasziniert seine Zeitgenossen, die seinetwegen Maria preisen (vgl. Lk 18, 27) und in ihm die Überzeugungskraft eines Menschen rühmen, der redete „wie einer, der Macht hat" (Lk 11, 27).

In seiner Vorbildlichkeit ist uns der Herr freilich mehr als ein bloßes Modell. Jesu biblische Wege gehen wir nicht nach, wie wir uns andere große Gestalten der Vergangenheit vor Augen führen. Wir tauchen vielmehr ein in eine lebende, innige Vereinigung mit ihm, der ja den Graben der Geschichte übersprungen hat und in seinem Geist jedem von uns allezeit gegenwärtig ist. So mit ihm verbunden, gelingt es uns, durch ihn unsere Existenz für den Vater zu gewinnen. Wir vermögen der Hoffnungslosigkeit zu wehren, die ja aus der Gottesferne herrührt. Wir können den Sog des Materialismus bei den Menschen eindämmen, weil wir unser Vertrauen in die Güte des Vaters bekunden. Und selbst ein aggressiver Widerspruch aus der gesellschaftlichen oder kirchlichen Öffentlichkeit kann unserem Mut nichts anhaben, für Gottes Rechte und für den Glauben der Gesamtkirche einzutreten.

Es war das Zweite Vatikanische Konzil, das Wesen und Wirkweise des bischöflichen Amtes ausführlich dargestellt hat. Besonders die Kirchenkonstitution erinnert uns daran, daß wir Bischöfe ,,als Lehrer in der Unterweisung, als Priester im heiligen Kult und als Diener in der Leitung der Herde vorstehen" (Nr. 20). Und meine soeben vorgetragenen Überlegungen werden nur unterstrichen durch die einfordernde Versicherung desselben Satzes, daß wir diesen unseren Dienst ,,an Gottes Stelle" vollziehen.

Wohl tun wir ihn als einzelne und in je individueller Verantwortung. Doch jedem Bischof ist die Vollmacht zur Ausübung des genannten dreifachen Amtes nur insofern gegeben, als er Glied des Kollegiums des Gesamtepiskopats ist. Damit folgt aus der Bestellung zum Bischof die nachdrückliche Verpflichtung zur Einheit. Da es Gottes Geist war, der uns dazu gesetzt hat, in der Nachfolge der Apostel die Kirche Gottes zu weiden (vgl. Apg 20, 28) – wie könnte da ein anderer Sinn unser Tun bestimmen als der Geist der Einheit?

Diese Einheit ist zunächst für Ihre Bischofskonferenz und deren Arbeit gefordert. Niemand wird übersehen, wie gewichtig Überlegungen und Entscheidungen dieser kirchlichen Ebene für die Menschen und Ortskirchen Ihres Vaterlandes – ja darüber hinaus – sind. Noch bedeutsamer ist jedoch die kollegiale Einheit mit dem Gesamtepiskopat. Und diese wieder ist nur gegeben, wenn das Bischofskollegium mit dem Papst als seinem Haupt zusammengefügt ist; denn das Bischofskollegium würde ja ohne sein Haupt zerfallen. Obwohl es gewiß theologische und ethische Fragen gibt, die uns Bischöfe wegen der Verpflichtung auf die Einheit zum Zeichen des Widerspruchs machen, so wird ,,communio" dennoch in diesem Zusammenhang zur grundlegenden theologischen Bedingung.

Darum schreibt auch die Kirchenkonstitution: ,,Die Bischöfe, die in Gemeinschaft mit dem römischen Bischof lehren, sind von allen als Zeugen der göttlichen und katholischen Wahrheit zu verehren. Die Gläubigen aber müssen mit einem im Namen Christi vorgetragenen Spruch ihres Bischofs in Glaubens- und Sittensachen übereinkommen und ihn mit religiös begründetem Gehorsam anhangen" (Nr. 25).

Liebe Brüder im Bischofsamt, das Zweite Vatikanische Konzil war für die Kirche ein verheißungsvoller Neubeginn, dessen Impulsen Ihr Dienst in der Kirche von Österreich gilt. Auch meine Besuche in Kontinenten und Ländern wollen die Kräfte dieser Erneuerung stärken. Ich bin zutiefst durchdrungen von der Überzeugung, diese Erneuerung werde um so mehr Dynamik entwickeln, je andauernder und treuer wir, die Hirten der Kirche, in der Gemeinschaft mit Jesus die Nähe des Vaters im Himmel suchen. Dann allein werden wir von Christi Geist und nicht von unseren eigenen Ideen bestimmt. Dann allein kann es uns gelingen, unseren Priestern geistliche Väter zu sein und als gewinnende Brüder ihnen den überspringenden Funken der Hoffnung zu vermitteln, nach dem ja so viele von ihnen rufen. Dann werden Sie die Laien Ihrer Bistümer inspirieren, der Herausforderung durch Gesellschaft und Staat die rechte Antwort zu geben und die Last des Lebens auszuhalten angesichts der vor ihnen liegenden Freude in Gottes Gemeinschaft (vgl. Hebr 12, 2).

Möge die Mutter Gottes, die Ihr Volk schon so lange und innig an vielen Orten Ihres Landes verehrt, unsere Fürsprecherin sein, daß diese unsere brüderliche Begegnung von Gott gesegnet sei.

Johannes Paul II. spricht vor den österreichischen Bischöfen. In seiner Ansprache war die neue Auffassung vom bischöflichen Dienstamt nicht zu überhören.

Der Papst im Kreis der Familie des Bundespräsidenten. Ein Enkerl auf dem Arm, findet Johannes Paul II. rasch Kontakt zur Familie.

Der Papst in der UNO-City

Nach einer kurzen Ruhepause im Erzbischöflichen Palais besuchte Johannes Paul II. am 12. September 1983 die jenseits der Donau in unmittelbarer Nähe des Donauparks gelegene UNO-City.

Vor Vertretern der in Wien ansässigen UN-Behörden erklärte der Papst:

Ort: UNO-City
Zeit: 12. September, 16 Uhr

Ihnen allen gilt der Ausdruck meiner Hochachtung und Wertschätzung. Es erfüllt mich mit besonderer Freude zu wissen, daß Mitglieder Ihrer Familien dieses unser Treffen mit dem gleichen großen Interesse verfolgen wie all Ihre wertvolle Arbeit, die sie in einer Weise unterstützen, wie dies nur Familien können.

1. Gestatten Sie mir, Ihnen meinen aufrichtigen Dank für die Einladung an diese Stätte auszusprechen, an der so viele bedeutende Organisationen auf entscheidenden Gebieten menschlichen Strebens zum Schutz und zur Förderung des Lebens tätig sind: auf dem Gebiet der friedlichen Nutzung der Atomenergie, der Förderung der Industrie, vor allem in den Entwicklungsländern, auf dem Gebiet des Handelsrechts, der sozialen und humanitären Entwicklung und auf dem Gebiet der Drogenbekämpfung, die besonders ernste Fragen aufwirft.

All diese Organisationen und Dienststellen legen beredtes Zeugnis dafür ab, daß in der Welt von heute Zusammenarbeit unabdingbar geworden ist, um die komplexen und vielschichtigen Probleme verschiedenster Lebensbereiche in konstruktiver Weise zu bewältigen. Wie nie zuvor in der Geschichte der Menschheit ist unsere Generation in der Auseinandersetzung mit diesen Fragen vor die Möglichkeit gestellt, Gutes oder Böses zu tun.

Deshalb ist es unsere erste und größte Verpflichtung zusammenzuarbeiten, unser fachliches Wissen gemeinsam zu nutzen und durch unsere vereinten Anstrengungen und unseren Einsatz einen gemeinsamen Standpunkt zu erarbeiten. In diesem Sinne arbeiten die hier ansässigen Organisationen und Dienststellen im gleichen Geist und für die gleichen Ziele wie die Organisation der Vereinten Nationen selbst, die, wie ich 1979 in New York ausführte, „verbindet und einigt, nicht aber trennt und entzweit" (Ansprache anläßlich der 34. Generalversammlung der Organisation der Vereinten Nationen, 2. Oktober 1979, Nr. 4). Ziel und Zweck all Ihrer Tätigkeiten sollte es daher immer sein, zu verbinden und zu vereinigen, nicht aber zu trennen und zu entzweien. Diese Aufgabe leitet sich von dem Geist her, in dem Ihre Organisationen geschaffen wurden, und sie gewinnt zusätzliche Bedeutung durch die Anforderungen, welche der sachliche Inhalt Ihrer Tätigkeit an Sie stellt.

„Der Mensch steht im Zentrum all unseres Bemühens, all unserer intellektuellen und wissenschaftlichen Arbeit."

2. In meiner Enzyklika „Laborem exercens" stellte ich Überlegungen über den Begriff der Arbeit im objektiven Sinn an und sprach von der Entwicklung der modernen Industrie und Technik in all ihren Ausdrucksformen als einem „Anlaß, die Frage der Arbeit in neuer Weise zu stellen". Ich bezeichnete Industrie und Technik als „Instrumentarium, das der Mensch in seiner Arbeit einsetzt" und nannte den „richtigen Einsatz der Technik den grundlegenden Faktor des wirtschaftlichen Fortschritts" (Laborem exercens, Nr. 5).

In diesem Sinne und in Anwendung dieser Überlegungen auf die Probleme, denen Sie sich stellen, bedeutet dies eine Herausforderung an Sie, die Beziehungen zwischen Mensch und Technik in neuer Weise auszuloten und zu entwickeln. Denn nur wenn wir die Wechselwirkungen zwischen Mensch und Technik einer eingehenden Untersuchung unterziehen, können wir die Kriterien definieren, die Ihnen in Ihren gegenwärtigen und zukünftigen Bemühungen als Richtschnur dienen können. Zu diesem Zweck und unter Berücksichtigung der Tatsache, daß es gilt, die mannigfaltigen Aspekte dieser Wechselwirkung zu untersuchen, möchte ich Ihre Aufmerksamkeit heute auf zwei wesentliche Faktoren lenken, die niemals außer acht gelassen werden dürfen.

Die Vielschichtigkeit Ihrer Aufgaben setzt ein Höchstmaß an Ausbildung und Fachwissen voraus und nimmt Ihre Zeit und Ihre geistigen Fähigkeiten voll in Anspruch. So stellt zum Beispiel die Beherrschung auch nur eines Teilbereichs, der unsere Kenntnisse auf dem Gebiet der Kernenergie zu erweitern imstande ist, eine Lebensaufgabe dar. Daher ist die Versuchung groß, unsere Lebensauffassung, unsere Werte und unsere Entscheidungen gänzlich dem Inhalt und der Methodik unseres Wissensgebietes unterzuordnen. Deshalb, und wegen der diesen für die Menschheit so wichtigen Disziplinen innewohnenden, alle Lebensbereiche berührenden Sachzwänge ist es erforderlich, den Primat des Menschen als Richtschnur für unsere Entscheidungen und Werturteile stets zu bewahren.

3. Der Mensch steht im Zentrum all unseres Bemühens, all unserer intellektuellen und wissenschaftlichen Arbeit. Eingebettet in die Liebe Gottes ist der Mensch Maß und Ziel aller Anstrengungen, die wir in dieser Welt unternehmen. Ob es sich dabei nun um Industrieprojekte für Entwicklungsländer, um Kernreaktoren oder um Programme für den sozialen Fortschritt handelt, so bleibt stets der Mensch Maßstab unserer Bemühungen. Kein Projekt, wie perfekt und zielführend es vom Standpunkt der Technik und der Industrie auch sein mag, ist gerechtfertigt, wenn es die Würde und die Rechte der betroffenen Menschen gefährdet. Jede Initiative Ihrer Organisationen sollte daran gemessen werden, ob sie der Sache des Menschen als Menschen dient.

„Kein Projekt, wie perfekt und zielführend es vom Standpunkt der Technik und der Industrie auch sein mag, ist gerechtfertigt, wenn es die Würde und Rechte der betroffenen Menschen gefährdet."

Derartige Überlegungen sind nicht immer einfach, aber unerläßlich. Niemand wird leugnen, daß die Vielschichtigkeit der Probleme in Industrie, Technik und Kernwissenschaft, aber auch der mannigfaltigen Organisationsformen der modernen Gesellschaft eine Beachtung aller Aspekte erfordert, mit denen wir uns sorgfältig auseinandersetzen müssen. Angesichts dieser Tatsachen und im Bewußtsein der ihnen innewohnenden Bedeutung bin ich nicht nur berechtigt, sondern sogar verpflichtet, darauf hinzuweisen, daß Ihr Einsatz und Ihre Bemühungen auf geistigem, technischem, wissenschaftlichem und erzieherischem Gebiet, so gerechtfertigt sie auch sein mögen, von einer entsprechenden Offenheit und Verpflichtung für die Sache des Menschen begleitet sein müssen, den wir als Ebenbild Gottes sehen und dessen Würde und Wert stets gewahrt bleiben müssen.

4. Das zweite Kriterium, das ich kurz erwähnen möchte, stellt uns in den Rahmen der Welt, in der wir leben. Es ist dies die uns auferlegte Sorge um das Wohl der gesamten Menschheit, um das Wohlergehen der Gesellschaft, um das, was wir üblicherweise als das Gemeinwohl bezeichnen. Für Sie bedeutet dies die Verpflichtung, Ihre Arbeit nicht nur als Beitrag zu einem bestimmten Projekt oder als Leistung für eine bestimmte Regierung oder Organisation, sondern als Beitrag zum Wohle aller Menschen dieser Welt zu sehen. Den Wert eines Projektes werden Sie daher ebenso daran messen müssen, welche Auswirkungen es auf die kulturellen und anderen menschlichen Werte haben wird, wie an seinen Auswirkungen auf das wirtschaftliche oder soziale Wohl eines Volkes oder Staates. Dergestalt stellen Sie Ihre Arbeit in den breiten Rahmen der Verantwortung für das Wohl unserer Welt in Gegenwart und Zukunft. Sie widmen Ihre Bemühungen allen Völkern dieser Erde. Die Förderung des Gemeinwohls durch Ihre Arbeit erfordert die Achtung der Kultur aller Völker und Nationen und, damit verbunden, die Solidarität mit allen Völkern und Nationen, deren Geschicke von der Hand eines gemeinsamen Vaters gelenkt werden. Der Fortschritt einer Nation darf nie auf Kosten einer anderen erzielt werden. Der Fortschritt aller dank eines gerechten Einsatzes des Ihnen zur Verfügung stehenden Fachwissens ist die beste Gewähr für das Wohl aller, und dafür, daß allen Menschen gegeben wird, was sie benötigen und was ihnen zusteht.

„Ihre Arbeit ist nicht nur als Beitrag zu einem bestimmten Projekt oder als Leistung für eine bestimmte Regierung oder Organisation, sondern als Beitrag zum Wohle aller Menschen dieser Welt zu sehen."

5. Ich richte diese kurzen Worte heute an Sie, um Sie zu ermutigen. Als Oberhaupt der katholischen Kirche, deren Mitglieder über die ganze Erde verstreut sind, möchte ich Sie alle auffordern, Diener dieser Welt zu sein, dieser Welt, die einer stets fortschreitenden Einigung durch jene Anstrengungen bedarf, die jeder einzelne von uns auf seinem Gebiet zu machen aufgerufen ist. Mögen Sie als Diener an der Wahrheit über den Menschen, aber auch als Diener an der Wahrheit innerhalb Ihrer Tätigkeitsbereiche und als Diener am Gemeinwohl aller Völker und Nationen sich immer enger zusammenschließen, um kraft Ihrer Fähigkeiten und Ihres Wissens Aufgaben zu bewältigen, die in aller Zukunft dem Wohl, der Harmonie und dem Frieden aller Völker dienen.

6. Gestatten Sie mir, in diesem Zusammenhang einer herausragenden Persönlichkeit früherer Zeiten zu gedenken, eines Mannes, der als Apostel des Friedens anerkannt und bewundert wird, mit dessen Bild, das Gegenstand so vieler Kunstwerke ist, viele von Ihnen vertraut sein werden, und dessen Ideen in einer Form Ausdruck gefunden haben, die seine Geisteshaltung der modernen Welt in sinnfälliger Weise vor Augen führt. Die Ideale des hl. Franz von Assisi sind sehr wohl ein Bindeglied zwischen den Generationen. Sie verbinden Männer und Frauen guten Willens aller Jahrhunderte auf der Suche nach dem Frieden, Männer und Frauen, deren spirituelle Zielsetzungen durch die aufrichtigen Bemühungen und die aufopfernde und konzertierte Tätigkeit so vieler Fachleute in den verschiedensten Wissensbereichen und Disziplinen gefördert werden.

„Die Ideale des hl. Franz von Assisi sind sehr wohl ein Bindeglied zwischen den Generationen. Sie verbinden Männer und Frauen guten Willens aller Jahrhunderte auf der Suche nach dem Frieden, Männer und Frauen, deren spirituelle Zielsetzungen durch die aufrichtigen Bemühungen und die aufopfernde und konzertierte Tätigkeit so vieler Fachleute in den verschiedenen Wissensbereichen und Disziplinen gefördert werden."

Begegnung des Papstes mit österreichischen Arbeitnehmern und Gastarbeitern

Auf dem historischen Platz ,,Am Hof" kam es in den Abendstunden zu einer herzlichen Begegnung des Heiligen Vaters mit in- und ausländischen Arbeitnehmern.

In seiner Ansprache zur Thematik „Arbeit" erklärte Johannes Paul II.:

Liebe Brüder und Schwestern aus der Welt der Arbeit!

Ort: Platz „Am Hof"
Zeit: 12. September, 17.45 Uhr
Teilnehmer: 15.000 österreichische Arbeitnehmer und Gastarbeiter

1. Euch alle, die Ihr heute hierher gekommen seid, begrüße ich auf das herzlichste: Ich begrüße Euch, österreichische Arbeitnehmer, und ich begrüße Euch, die Ihr aus verschiedenen Ländern Europas und sogar aus Übersee hier in Österreich Arbeit gefunden habt. Euer gemeinsames Kommen ist für mich ein eindrucksvolles Zeichen dafür, zu welcher Solidarität Ihr bei der Arbeit bereits gefunden habt. Ich begrüße von dieser Stelle aus aber auch alle, die in den vielen Betrieben dieses Landes Tag für Tag ihre Arbeitskraft zum Wohl aller einsetzen: im Handwerk, in der Industrie, in der Landwirtschaft, in Verwaltung und Dienstleistung.

Diese Begegnung soll ein Zeichen meiner tiefen Verbundenheit mit dem arbeitenden Menschen sein. Ich möchte Euch zur Seite stehen und Eure Hoffnungen, Eure Sorgen und Ängste teilen. Euch und Euren Familien will ich Zuversicht und Ermutigung schenken, und dies aus der Kraft unseres christlichen Glaubens, den die meisten von Euch im Herzen tragen.

Liebe Freunde! Ihr seid untereinander verbunden durch die gemeinsame – oft so mühevolle – Arbeit, in der Ihr steht. Ihr unterscheidet Euch aber auch voneinander durch Geschichte, Tradition, Sprache, Kultur und Religion.

„Ihr habt Euch in der Gewerkschaft eine starke Organisation geschaffen, und der hohe Mitgliederstand zeigt ein großes Maß an Solidarität unter Euch."

2. Ich wende mich zunächst an Euch, liebe Gastarbeiter. Ihr habt auf der Suche nach Arbeit und Brot – zum Teil mit Euren Familien – Eure Heimat verlassen, um inmitten einer neuen Umgebung, in einem Land mit einer anderen Kultur und einer fremden Sprache, ein neues Leben zu beginnen. Mitgebracht habt Ihr – und das ist Euer Reichtum – Eure vielfältigen Fähigkeiten, Euren Leistungswillen und Arbeitseifer. Ihr habt in den vergangenen Jahren zum wirtschaftlichen Aufbau und Aufstieg des Industrielandes Österreich beigetragen und damit ein Anrecht auf gleiche Behandlung in allen sozialen Belangen der Arbeit erworben. Darüber hinaus bringt Ihr aus Eurer Heimat auch ein reiches kulturelles Erbe mit, Eure Religiosität und Eure Art der Menschlichkeit.

So begegnen sich auf Österreichs Boden wieder Angehörige vieler Völker: in friedlichem Miteinander und in gemeinsamer Arbeit. Diese Tatsache ermöglicht intensive Kontakte verschiedener Kulturen, ein besseres Sichkennenlernen, brüderliche Verbindung unter den Völkern. Die Gemeinsamkeit in der Arbeit könnte zur gegenseitigen menschlichen und geistigen Bereicherung führen. Gemeinsam am gleichen Arbeitsplatz zu stehen, das müßte eine Hilfe sein, etwaige Vorurteile dem anderen gegenüber abzubauen und die Ehrfurcht und Toleranz vor dem Anderssprechenden und Andersglaubenden zu stärken.

„Ihr habt in einem langen Ringen die wichtigsten Fragen im Arbeitsbereich gelöst und gesetzlich abgesichert. Ihr habt ein gewisses Maß an Mitbestimmung im wirtschaftlichen Bereich erreicht und auch bewiesen, daß Ihr mit diesen Möglichkeiten sachkundig und verantwortlich umgeht. Die Arbeiterschaft anderer Länder schaut mit Respekt auf Euch."

3. Für das Gastland und seine Bevölkerung ergibt sich dabei die Aufgabe, die Arbeiter aus der Fremde zuerst als Menschen aufzunehmen und ihnen brüderlich zu begegnen. Sie dürfen nicht als bloße Arbeitskraft oder Mittel für die Produktion betrachtet werden, die man möglichst billig zu erwerben und auszunutzen sucht, vielleicht sogar unter Umgehung der geltenden Sozialgesetze. Alle, vor allem aber die öffentlichen Stellen, sollen ihnen helfen, in angemessenem Rahmen ihre Familien nachzuholen und sich eine entsprechende Wohnung zu verschaffen; sie sollen ferner ihre Eingliederung in das gesellschaftliche Leben begünstigen. Auch öffentliche Einrichtungen, wie die Gewerkschaft, die Parteien, die mit Bildung befaßten Institutionen, sind aufgerufen, je nach ihren Möglichkeiten zum Abbau von Diskriminierung und Vorurteil, von Intoleranz und Mißtrauen beizutragen.

Besonders die Christen in diesem Land rufe ich auf, dem Gastarbeiter echte Gastfreundschaft zu gewähren, seinem persönlichen Leben und Wirken ehrliches Interesse entgegenzubringen und sich mit seinen Problemen vertraut zu machen. So wie Jesus selbst und viele heiligmäßige Menschen in seiner Nachfolge sollen wir Christen immer wieder die Grenzen unseres Volkstums, unserer gesellschaftlichen Stellung, unserer kulturellen Prägung überschreiten und gerade den Fremden und Hilfsbedürftigen als unseren Bruder anerkennen und uns in Liebe seiner annehmen.

An dieser Stelle möchte ich der Kirche in Österreich danken für alles, was sie für die Seelsorge im Gastarbeiterbereich getan hat und weiterhin noch plant. In besonderem Maß möchte ich jenen Priestern danken, die ihren Gläubigen aus der Heimat nachgefolgt sind, um ihnen auch in der Fremde die Frohe Botschaft in ihrer Muttersprache zu verkündigen.

„Immer mehr Jugendliche werden nach der Zeit ihrer Ausbildung keinen festen Arbeitsplatz finden. Sie sehen sich in ihrer Bereitschaft zur Arbeit und zur Übernahme von Verantwortung in der Gesellschaft schmerzlich enttäuscht."

4. Und nun, liebe Brüder und Schwestern, wende ich mich besonders an die Männer und Frauen unter Euch, die aus Österreich selbst stammen. Es ist über die Grenzen Eures Landes bekannt, daß Ihr die sozialen Konflikte der Arbeitswelt auf einem sehr fortschrittlichen Niveau austragt. Ihr habt Euch in der Gewerkschaft eine starke Organisation geschaffen, und der hohe Mitgliederstand zeigt ein großes Maß an Solidarität unter Euch. Ihr habt in einem langen Ringen die wichtigsten Fragen im Arbeitsbereich gelöst und gesetzlich abgesichert. Ihr habt ein gewisses Maß an Mitbestimmung im wirtschaftlichen Bereich erreicht und auch bewiesen, daß Ihr mit diesen Möglichkeiten sachkundig und verantwortlich umgeht. Die Arbeiterschaft anderer Länder schaut mit Respekt auf Euch. Es ist erfreulich, daß in Eurem Land Arbeitgeber und Arbeitnehmer in einer fairen „Sozialpartnerschaft" anstehende Probleme gemeinsam zu klären versuchen und dabei schon beachtliche Erfolge verbuchen konnten. Ich spreche Euch meine Anerkennung dafür aus; denn die christliche Soziallehre vertritt das Prinzip einer friedlichen, allen dienenden Solidarität mit besonderem Nachdruck.

Doch auch bei Euch stehen Wirtschaft und Arbeiterschaft heute vor ganz neuen Problemen. Am internationalen Horizont zeichnet sich eine schwere wirtschaftliche Krise ab, die – wie es scheint – vielerorts eine langdauernde Arbeitslosigkeit mit sich bringen kann. Fachleute sagen Entwicklungen voraus, die menschliche Arbeit in geringerem Ausmaß als bisher zur Herstellung von Gütern und zur Bereitstellung von Dienstleistungen notwendig machen. Wir befinden uns bereits in den Anfängen dieser Umwälzungen. In solchen Zeiten muß sich bewähren, was wir Christen vom Menschen und seiner Arbeit denken. Es darf nicht dazu kommen, daß derjenige, der seinen Arbeitsplatz verlieren sollte, auch seinen Standort in der Gesellschaft verliert, daß er isoliert und seines Selbstwertgefühls beraubt wird. Die Arbeit ist zwar für den Menschen von grundlegender Bedeutung. Und das Christentum selbst hat der Arbeit zu hohem Ansehen verholfen. Die christliche Botschaft zeigt aber auch, daß der Mensch nicht erst durch die Arbeit zum Menschen wird. Der Mensch ist Abbild Gottes und ist nach seiner bleibenden Würde und nicht nach seiner Arbeit zu bewerten. Arbeitslosigkeit darf daher niemals als persönlicher Makel gesehen werden.

Eine Lösung dieses schwerwiegenden Problems kann nicht ohne Opfer aller Beteiligten gefunden werden. Ihr werdet dabei Eure so oft bewiesene Solidarität erneut unter Beweis stellen müssen. Ich vertraue auf Euch, daß Ihr gemeinsam nach Lösungen sucht und solche auch findet.

„Wir dürfen heute in der Lösung der großen gesellschaftlichen Probleme nicht bloß an uns selber denken. Wir müssen gerade als Christen solche Lösungen anstreben, die immer auch die Würde jener Menschen im Auge haben, deren fundamentale Menschenrechte verletzt werden."

5. Nicht alle Menschen sind in gleicher Weise durch das Übel der Arbeitslosigkeit gefährdet. Es gibt einige Gruppen, die Eurer Sorge besonders bedürfen.

Immer mehr Jugendliche werden nach der Zeit ihrer Ausbildung keinen festen Arbeitsplatz finden können. Sie sehen sich in ihrer Bereitschaft zur Arbeit und zur Übernahme von Verantwortung in der Gesellschaft schmerzlich enttäuscht. – Frauen erleben, daß sie zu den ersten gehören, die ihren Arbeitsplatz verlieren. Wenn auch ihren Aufgaben in der Familie höchste Bedeutung zukommt, dürfen sie jedoch deshalb in ihrem Beruf nicht zurückgesetzt werden. Sie arbeiten heute in fast allen Lebensbereichen und sollen diese Tätigkeiten ihrer Veranlagung gemäß ausüben können ohne Benachteiligung und ohne Ausschluß von Stellungen, für die sie befähigt sind. – Besonders schwer haben es die Behinderten. Es wäre aber des Menschen unwürdig und eine Verleugnung der gemeinsamen Menschennatur, wollte man zur Arbeit nur voll Leistungsfähige zulassen. Die Menschen dürfen nicht in willkommene Starke und Gesunde auf der einen und in kaum geduldete Schwache und Kranke auf der anderen Seite aufgeteilt werden. Auch hier muß die Arbeit der Würde des Menschen untergeordnet werden, nicht dem wirtschaftlichen Ertrag. Solange es trotz aller Bemühungen Arbeitslose unter Euch gibt, sollt Ihr mit ihnen gemeinsam nach Lösungen suchen.

Schließlich muß noch ein Problem erwähnt werden, das mir besonders am Herzen liegt. Vergessen wir bei all den berechtigten Sorgen über die wirtschaftliche und soziale Zukunft unserer Länder nicht die viel größere Not der Länder der Dritten Welt. Wir dürfen heute in der Lösung der großen gesellschaftlichen Probleme nicht bloß an uns selber denken. Wir müssen gerade als Christen solche Lösungen anstreben, die immer auch die Würde jener Menschen im Auge haben, deren fundamentale Menschenrechte verletzt werden. Das gilt gerade auch für den Bereich der abhängigen Arbeit in vielen Ländern der Erde.

In diesem Zusammenhang appelliere ich an die katholischen Arbeitnehmer- und Arbeitgeberverbände, an die Universitäten und Sozialinstitute, die heutigen weltweiten Probleme der Wirtschafts- und Arbeitsordnung im Licht der katholischen Soziallehre – bis hin zur Enzyklika ,,Laborem exercens" – intensiv zu studieren, damit im Zusammenwirken aller verantwortlichen Kräfte gerechte und realisierbare Lösungen gefunden werden können.

Liebe Brüder und Schwestern!

6. Wenn die heutigen Probleme auch übergroß erscheinen, so besteht dennoch kein Grund zur Resignation. Diese Welt – auch in ihrem heutigen Zustand – ist uns von Gott als Aufgabe übergeben. Und unser christlicher Glaube enthält viele Motive und Grundsätze, uns in der richtigen Weise um die Lösung dieser Aufgabe zu bemühen. Die ersten Seiten der Bibel – die Beschreibung des Schöpfungswerkes – sind in gewissem Sinn das erste Evangelium der Arbeit. Der Mensch wurde als Abbild Gottes geschaffen und nimmt durch seine Arbeit am Werk des Schöpfers teil. Das betrifft nicht nur die außergewöhnlichen Leistungen. Männer und Frauen, die durch ihre tägliche Arbeit für ihren Lebensunterhalt sorgen, dürfen mit Recht überzeugt sein, daß sie darin das Werk des Schöpfers weiterführen.

,,Wenn die heutigen Probleme auch übergroß erscheinen, so besteht dennoch kein Grund zur Resignation."

Die Entwicklung der sozialen Probleme in Industrie und Wirtschaft hat die arbeitenden Menschen immer stärker zu einem gemeinsamen Handeln herausgefordert – zur Solidarität. Im gemeinsamen Voranschreiten befreiten sich die Arbeiter und Arbeiterinnen aus Erniedrigung und Unterdrückung. Sie schufen die Voraussetzungen für ein menschenwürdiges Dasein, für ein Leben in Gerechtigkeit und Freiheit. Die christlichen Arbeitnehmer fanden hierbei Kraft und Anregung besonders auch in der Soziallehre der Kirche.

Christliche Solidarität drängt zum Handeln. Wir sehen in den Evangelien Jesus mit offenen Augen durch seine Heimat gehen. Den mit Leid geschlagenen Menschen wendet er sich liebevoll zu und holt sie heraus aus der Isolierung von Krankheit und Verachtung. Dabei setzt er sich über Widerstände in seiner Umgebung, selbst bei den Aposteln, mit großer Bestimmtheit hinweg. So kann es auch für den solidarischen Christen keine Neutralität dem Unrecht gegenüber geben. Er verläßt die bequeme Distanz und ist bereit, etwas zu tun. Der Entschluß zu handeln ist der entscheidende Schritt, um zum Aufbau einer menschenwürdigen Welt beizutragen.

Christliche Solidarität drängt zum gemeinsamen Handeln. Der Weg vom Ich zum Wir setzt den Verzicht auf Egoismus und Eigensinn voraus. Die Suche nach Übereinstimmung ist zugleich eine Schule persönlicher Entfaltung und Reifung. Schließlich ist das gemeinsame Handeln der angemessene Weg, um vorliegende Probleme mit den Betroffenen selbst zu lösen. – Wir sehen diese Elemente oftmals in der Geschichte der Kirche Christi. Auch die Jünger des Herrn bilden um Jesus eine Gruppe gemeinsamen Lernens und Handelns. Sie werden zwei und zwei ausgesandt und verkünden schließlich nicht bloß eine individuelle Heilsbotschaft – das Heil ist dem ganzen Volk Gottes versprochen.

Christliche Solidarität lebt aus dem ,,Für", nicht aus dem ,,Gegen". Solidarisches Handeln will unnötiges, von Menschen oder von der Natur bewirktes Leid aufheben. Damit richtet es sich zunächst auch gegen jene, die eventuell an der Aufrechterhaltung eines solchen Unrechts oder Unheils interessiert sind. Letztlich aber sollte der Antrieb zur Tat nicht das ,,Gegen" sein, das zu neuer Unterdrückung führen kann, sondern das befreiende ,,Für". – An Jesus sehen wir, daß er die Auseinandersetzung mit den Übeltätern und Verfechtern des Unrechts nicht scheut. Sein Ziel aber ist die Umkehr des Sünders, nicht sein Untergang; sein Ziel ist das Leben, nicht der Tod. Auch das Ziel der Arbeitersolidarität sollte nicht Sieg, Triumph und Herrschaft sein, sondern Hilfe, Besserung und Verständigung.

Wenn Ihr Euch also solidarisch zusammenschließt, um eine gerechtere, menschenwürdigere Welt aufzubauen, dann steht Ihr im Dienste des Lebens. Gottes Wille zum Heil ist umfassend. Er will, daß wir leben und Leben in Fülle haben.

7. Zu diesen Betrachtungen über die Solidarität in der Arbeit gehört auch ein herzliches Wort der Anerkennung für jene Brüder und Schwestern aus der Welt der Arbeit, die bewußt als gläubige Christen an ihrem Arbeitsplatz stehen. Ich

„Christliche Solidarität drängt zum gemeinsamen Handeln."

weiß, daß gerade in Österreich seit vielen Jahrzehnten solche Männer und Frauen in den Reihen der Arbeiterschaft tätig sind und für Christus Zeugnis ablegen. Gerade von diesen Christen sind viele Impulse ausgegangen zur Lösung zahlreicher Probleme in der Arbeiterschaft. Die ersten und nächsten Apostel unter der Arbeiterschaft müssen ja die Arbeiter selbst sein. Ich denke dabei auch an die vielen Laien und Priester, die sich in besonderer Weise dem Arbeiterapostolat widmen. Ich weiß, daß sich auch in Österreich viele vom Geist eines Kardinal Cardijn anspornen lassen. Und wenn heute hier auf diesem Platz die Katholische Arbeitnehmerbewegung Österreichs die Gastarbeiter zu einem Treffen mit mir eingeladen hat, dann sehe ich darin ein hoffnungsvolles Zeichen, daß Christen deutlich machen wollen, wie Solidarität in der Arbeit nicht an der Grenze des eigenen Landes und am eigenen Interesse endet. Ich danke Euch für dieses Beispiel, das Ihr damit gegeben habt.

„Christliche Solidarität lebt aus dem Für, nicht aus dem Gegen."

Liebe Brüder und Schwestern aus der Welt der Arbeit!

Seid Euch Eurer Würde und Eurer Berufung bewußt: Söhne und Töchter Gottes seid Ihr, Mitarbeiter Gottes, der diese Welt schuf und sie uns Menschen übergab. Wirkt an ihrer Vollendung. Stellt Eure Kräfte zur Verfügung, um die sozialen Verhältnisse gerecht und menschenwürdig zu gestalten. Ihr habt eine große Vergangenheit, überlaßt die Zukunft nicht dem Zufall!

Ich versichere Euch: Die Kirche fühlt sich Euch zutiefst verbunden und steht an Eurer Seite. Sie glaubt an die Werte, die im Menschen sind, an die Ordnung, die der Schöpfer der Welt jedem Menschen eingeschrieben hat. Ich bitte Gott in dieser Stunde, daß die wirtschaftliche Situation sich wieder zum Besseren wende und für Euch und Eure Familien viele Belastungen und Sorgen wegfallen; daß in den Betrieben und Arbeitsstätten Gerechtigkeit herrsche und so – bei Euch und durch Euch – immer deutlicher werde, daß das Gottesreich schon angebrochen ist. Hier in dieser Welt, auch in der Welt der Arbeit.

„Stellt Eure Kräfte zur Verfügung, um die sozialen Verhältnisse gerecht und menschenwürdig zu gestalten. Ihr habt eine große Vergangenheit, überlaßt die Zukunft nicht dem Zufall."

Zum Österreichischen Katholikentag 1983 (Nennwert 3 Schilling) und Papstbesuch (Nennwert 6 Schilling) hat die österreichische Post Sondermarken aufgelegt.

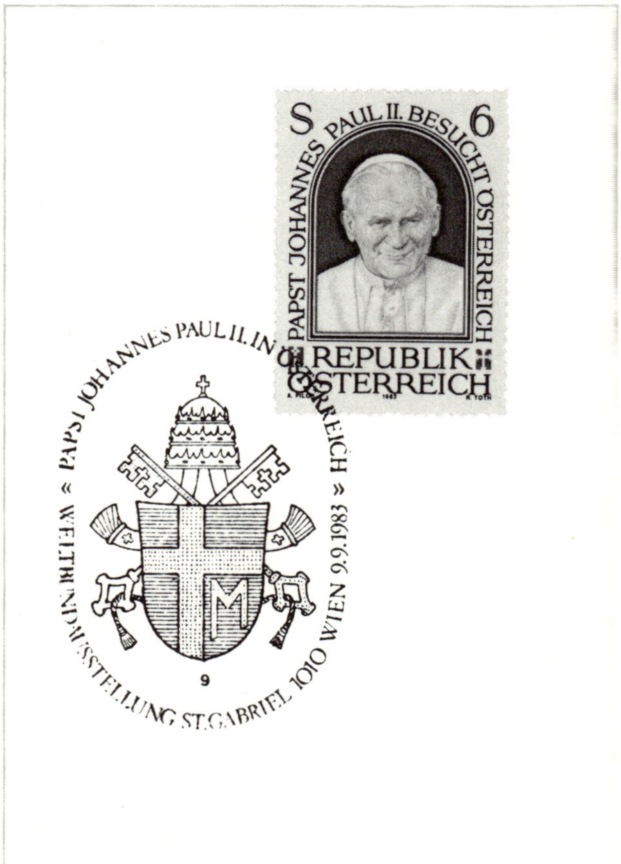

Arbeitsplätze sind gefährdet; vielleicht auch jene des jungen Gastarbeiterpaares. Im Geiste der Solidarität versuchen, ermutigt durch den Papst, in- und ausländische Arbeitnehmer gemeinsam die Probleme zu meistern.

Eine große Zahl polnischer Landsleute auf dem Platz vor der Karlskirche nützte die Gelegenheit zu einer stillen Demonstration gegen die politischen Zwänge in ihrem Heimatland.

Begegnung mit polnischen Landsleuten

Nach einem kurzen Besuch der polnischen Kirche auf dem Rennweg kam es in den späteren Abendstunden zu einem Treffen des Papstes mit polnischen Landsleuten auf dem Platz vor der Karlskirche. Nach Schätzungen waren rund 25.000 Menschen gekommen.

Wir bringen im folgenden die in polnischer Sprache gehaltene Rede des Papstes in der inoffiziellen Übersetzung, die die deutschsprachige Sonderausgabe des Osservatore Romano (15. September 1983) veröffentlicht hat.

Ort: Polnische Kirche am Rennweg, Platz vor der Karlskirche
Zeit: 12. September, 19.15 Uhr (Besuch der polnischen Kirche), 19.40 Uhr (Treffen mit polnischen Landsleuten)
Teilnehmer: 25.000

Gelobt sei Jesus Christus!

1. Liebe Brüder und Schwestern, liebe Landsleute! Ich danke dem lebendigen Gott für die Gnade dieses Augenblicks, für das Treffen mit meinen Landsleuten auf österreichischem Boden. Ich heiße alle herzlich willkommen und begrüße Euch alle zusammen und jeden einzelnen von Euch. An erster Stelle begrüße ich den Erzbischof von Wien, Kardinal Franz König, den großen Freund Polens. Ferner begrüße ich den Kardinal-Primas, den Kardinal-Erzbischof von Krakau, alle Bischöfe aus Polen sowie die mit uns brüderlich verbundenen Bischöfe aus der Slowakei und aus Böhmen. Ich danke dem Weihbischof Szczepan Wesoly, dem Delegaten für die Seelsorge der Auslandspolen, für seine Worte. Herzlich begrüße ich alle Priester – die hiesigen Seelsorger, die Diözesan- und Ordenspriester, insbesondere die Priester von der Kongregation der Resurrektionisten; von ihrer Kirche aus kam ich hierher. Bei dieser Gelegenheit möchte ich mich auch für die Gastfreundschaft bedanken, die sie mir und manchen Bischöfen aus Polen auf dem Weg nach Rom hier in Wien gewährt haben. Besonders herzlich begrüße ich die zahlreichen Kinder und Jugendlichen. Ich grüße Euch alle, die der Glaube, die Hoffnung, Liebe und brüderliche Solidarität zu diesem Treffen geführt haben. In diesem Geiste grüße ich auch die Vertreter anderer Konfessionen und alle Gäste. Von Herzen danke ich allen für ihre Anwesenheit und ihr Zeugnis.

2. „Glücklich ist das Volk, dessen Gott der Herr ist – das Land, das er für sein Vermächtnis erwählt hat" (Ps 33/32, 12). Meine Ansprache beginne ich mit diesen Psalmworten, denn sie sagen die grundlegende Wahrheit aus, daß Gott, unser Schöpfer und Vater, der seinen Anspruch in die Herzen der Menschen eingeschrieben hat, der Gott der Geschichte ist. Er steht – wie einst in dem Zeichen der feurigen Säule vor den Israeliten, die in der Wüste ihrer Befreiung entgegengingen – an dem Weg jedes Menschen, aller Völker und Nationen, für die er endgültige Bestimmung und Erfüllung ist. Durch das Bündnis, das er mit der Menschheit im Namen Jesu Christi geschlossen hat, wählt er einzelne Menschen und Völker „für sein Vermächtnis" aus. Durch die Treue zu diesem Bündnis wird er ihr Herr und Erlöser.

Das Leben der Menschen, das Leben der einzelnen Völker und deren Zusammenleben bleibt für immer an die höchste Autorität Gottes gebunden. Diese Bindung charakterisiert nicht nur die Beziehung des allmächtigen Schöpfers zu seinen Geschöpfen; in Christus, dem Sohn Gottes, und der Jungfrau von Nazaret wird sie zu einer Familie, in der wir Kinder unseres alleinigen Gottes und Brüder untereinander sind. Nur in dieser Bindung wird das Wohl des einzelnen und das Wohl aller zum umfassenden Gemeinwohl aller.

Angesichts der gegenwärtigen Bedrohung und Rückschläge, die wir erleben, schaut die Kirche mit größter Sorge auf das Innere des Menschen, auf seinen Geist. Sie schaut auf den Geist der Nationen, und in der geistigen Wiedergeburt sieht sie Heilung und Rettung. Die Nation ist nicht nur eine Gemeinschaft von Individuen. Sie ist vielmehr eine Synthese der Sprache, des Denkens, der Werte, der Erfahrungen, des Glaubens, der Tradition – also eine Synthese der Kultur. Diese Synthese bildet den Menschen und formt die Generationen. Daraus schöpft der Mensch die Kraft für sein Leben in der Familie, der Heimat und für die Zukunft.

3. Und in diesem Geist wollen wir den 300. Jahrestag des Entsatzes von Wien feiern. Dem allmächtigen Gott wollen wir unsere tiefe Dankbarkeit dafür ausdrücken, daß er der Gott der Geschichte der Menschen und der Völker ist, daß er sie als Vermächtnis erwählt hat, dem er trotz aller Gefährdungen die Treue hält, dafür auch, daß er unseren Vätern Tapferkeit und Kraft gegeben hat. Hier in Wien wollen wir dem König Johannes III. Sobieski die Ehre dafür erweisen, daß er das damals bedrohte Vaterland verteidigte, als sich Europa, die Kirche und die christliche Kultur in Todesnot befanden. Wir wollen Gott für den vor 300 Jahren errungenen Sieg danken. Wir gedenken des Heeres, dessen Oberbefehlshaber der König war, besonders unserer Landsleute. Wir würdigen ihre

Opferbereitschaft und Tapferkeit. Wir erinnern uns dankbar daran, daß sie kamen und daß Gott durch sie gesiegt hat. Möge ihnen das ewige Licht leuchten, und möge dieses Licht auch unseren Weg, den Weg unserer Brüder und Schwestern in unserem Vaterland und auf der ganzen Erde erleuchten.

Wir werden uns gleich zu unserem Glauben an Gott, der gleichzeitig unser Glaube an den Menschen ist, wenden. Denn die Größe und Würde des Menschen sind darin begründet, daß der Mensch als Ebenbild Gottes geschaffen wurde, daß er erlöst wurde und die Kraft erhalten hat, Kind Gottes zu werden, selbst am Leben Gottes teilzuhaben, indem er unsterblich ist, obwohl er sterben muß.

Meine Pilgerfahrt nach Österreich und auch dieses Treffen mit meinen Landsleuten, die sich ständig oder vorübergehend in Österreich aufhalten, findet im Jahre des großen Jubiläums unserer Befreiung statt. Wir gedenken in diesem Jahr ganz besonders des Werkes der Erlösung durch Jesus Christus vor 1950 Jahren. Wir gedenken des Kalvarienkreuzes und der Auferstehung, für die dieses Kreuz den Weg bereitet hat. Ohne die Auferstehung wären das Kreuz und der Tod am Kreuz eine Tragödie. Wenn Christus nicht auferstanden ist, ist unser Glaube leer, schreibt der Apostel Paulus (1 Kor 15, 14). Aber Christus kam, um zu sterben und aufzuerstehen, damit wir das Leben und das Leben in Fülle haben (Joh 10, 10). Er hat für euch gelitten, schreibt der heilige Petrus, und er trug unsere Sünden, damit wir aufhören, Sünder zu sein, und damit wir für die Gerechtigkeit leben. Durch das Blut aus seinen Wunden wurdet ihr geheilt (1 Petr 2, 21.24).

4. Dieser Sieg ist ein Geschenk der Liebe. Seither ist das Kreuz das Symbol des Sieges durch die Liebe und verkündet den Menschen eine Hoffnung. Von diesem ersten Tag nach dem Sabbat an verkündet die Kirche dem Menschen, daß seine Sache gewonnen hat, daß er trotz aller Not, Erniedrigung und Beraubung der Freiheit – frei ist. Es wird nichts mehr geschehen, was imstande wäre, ihn zu vernichten, ihm den Glauben an die Zukunft zu nehmen. „Christus hat den Tod besiegt und auf das Leben und die Unsterblichkeit das Licht durch das Evangelium geworfen" (2 Tim 1, 10). Deshalb bekennen wir heute mit gestärktem Bewußtsein und besonderer Kraft: Ich glaube an die Vergebung der Sünden, an die Auferstehung der Toten und an das ewige Leben. Möge dies für Euch eine dauerhafte Frucht des Heiligen Jahres und unseres Treffens bleiben.

„Behaltet Euren guten Ruf und den Ruf Eurer Heimat, in welcher Ihr aufgewachsen seid. Behaltet und vermehrt das Erbe, welches Ihr in Euch tragt. Bleibt ihm treu in allem, was gut ist."

5. Liebe Brüder und Schwestern, ich kenne – zumindest zum Teil – Eure Schmerzen und Eure Bitterkeit, die die mit Eurer Emigration verbundene Verpflanzung über Euch gebracht hat. Ihr habt vielleicht diese Schmerzen nicht vorausgesehen. Manchmal seid Ihr in der Versuchung, den Verführungen dieser Welt zu erliegen. Ich werde diese Versuchungen hier nicht aufzählen: Ihr kennt sie gut. Aber ich bitte Euch: Laßt Euch durch keine Macht und Täuschung vom rechten Weg abbringen! Seid stark durch die Kraft des Glaubens und des Geistes! Müht Euch um Euer Wohl und das Wohl Eurer Familien! Mögen die Familien der Liebe nach dem Gebot des Evangeliums treu und eine Stütze des Glaubens bleiben! Arbeitet für das Wohl der Gemeinschaft, die Ihr gewählt habt oder in der Ihr leben müßt! Seid dankbar für jedes Entgegenkommen, für jede Güte, und seid bereit, auf christliche Weise zu verzeihen! Wahrt Euren guten Ruf und den guten Ruf Eurer Heimat, in der Ihr aufgewachsen seid. Behaltet und mehrt das Erbe, das Ihr in Euch tragt! Bleibt diesem Erbe treu in allem, was gut ist! Das ist der Weg zur Rettung der eigenen Würde und der Achtung vor der Würde der anderen. Verfallt keinem Materialismus! Bewahrt und vertieft durch Eure Gemeinden das Bündnis mit der Kirche! Öffnet Euch durch ihre Sakramente die Quellen der Gnade des Erlösers! Mit Zuversicht möchte ich Euren Blick und Eure Herzen zur Mutter „Jasna Gora" lenken; ihr vertraue ich das Los der Landsleute innerhalb und außerhalb der Heimat an. Ihr möchte ich Euch alle anvertrauen. Jasna Gora ist das Zeichen und die Quelle der Werte, die von Gott sind und die die Seelen und Herzen der Menschen dieser Erde formen, die erlöschende Augen mit Hoffnung erfüllen, die eine Niederlage in einen Sieg verwandeln. Unser Dichter bekennt in seinem Gedicht Gott als Verwalter der Erde und sagt mit großer Einfachheit: „Wißt ihr, wo ich war, wo ich das gelernt habe?... Ich bin ein Kind von Tschenstochau, komme von dort zu Fuß, wohl weither, aber gern" (K. C. Norwid). In diesem Sinne beten wir zu Gott durch unsere Mutter und Königin von Jasna Gora: Herr, baue unser Haus, hüte deine Stadt (Ps 127/126, 1).

Der Papst auf dem Kahlenberg

Am vierten und letzten Tag seines Besuches in Österreich fuhr der Papst von seinem Quartier in der Nuntiatur auf den Kahlenberg. Nach einem Besuch der dortigen St.-Josefs-Kirche kam es zu einer Begegnung des Papstes mit Schülerinnen und Schülern katholischer Privatschulen, mit Organisatoren und Helfern des Katholikentags- und Papstbesuchs-Programmes sowie mit polnischen Landsleuten.

Auf dem Platz vor der Kirche erklärte der Heilige Vater in einer kurzen Ansprache:

Ort: St.-Josefs-Kirche auf dem Kahlenberg, Parkplatz auf dem Kahlenberg
Zeit: 13. September, 8.15 Uhr
Teilnehmer: 10.000 Schüler und Schülerinnen aus katholischen Privatschulen, Polen und Mitarbeiter des Katholikentags

Freudig und mit bewegtem Herzen grüße ich Euch alle, die Ihr an diesem letzten Vormittag meines Besuches in Österreich mit mir auf den Kahlenberg gekommen seid. Ich danke für den liebevollen Empfang, die treffenden Worte und das frohe Singen.

Als vor dreihundert Jahren von diesen Höhen des Wienerwaldes eine große Entscheidung ihren Ausgang nahm, erhielt für die Menschen in der belagerten Stadt das Psalmenwort eine neue, lebensnahe Bedeutung: „Ich hebe meine Augen auf zu den Bergen: woher kommt mir Hilfe? Meine Hilfe kommt vom Herrn" (Ps 121, 1f.).

Die Kirche auf dem Kahlenberg erinnert uns daran, daß auch die Befreier wußten, wie sehr sie auf die Hilfe von oben angewiesen waren. Sie wollten die Schlacht nicht beginnen, ohne vorher gemeinsam Gott um seine Hilfe angefleht zu haben. Und dieses Gebet nahmen sie mit in den Kampf: „Jesus und Maria hilf!"

Ja, das Vertrauen auf die machtvolle Fürsprache Marias hat die bedrohten Völker in diesen Monaten der Angst beseelt. Und so sehr hat man den glücklichen Sieg ihrer mütterlichen Vermittlung zugeschrieben, daß der 12. September jeden Jahres seitdem als Fest Mariä Namen ihr gehört.

Es war mir wie ein Geschenk von ihr, daß ich dieses Fest am 300. Jahrestag jener Befreiung, für die mein Vorgänger es einführte, im Hohen Dom der befreiten Hauptstadt feiern durfte, in geistiger Verbundenheit mit denen, die damals – zuerst in Not und dann im Jubel – im selben Gotteshaus gebetet und gesungen haben. Hören wir nicht auf zu beten und zu singen; Mariä Namen ist uns auch heute als Zuflucht gegeben. Wir haben nicht weniger Grund, sie zu bestürmen: „Maria, breit den Mantel aus, mach Schirm und Schutz für uns daraus; laß uns darunter sicher steh'n, bis alle Stürm' vorübergeh'n."

Ich bin auf dem Weg zu ihrem Heiligtum Mariazell. In Gedanken nehme ich Euch alle mit. Marias mütterlicher Liebe empfehle ich die vielen, die bei der Vorbereitung und Gestaltung dieses großen Katholikentages mitgeholfen haben. Ich möchte Euch und Euren Familien danken für allen Einsatz, alle Opfer und Euch zurufen: „Vergelt's Gott!" Ich möchte Euch aber auch eindringlich bitten: Haltet Euch stets vor Augen, daß die Nacharbeit eines solchen Ereignisses ebenso wichtig ist wie die Vorbereitung. Sie ist vielleicht eine mehr unscheinbare Aufgabe, aber gerade deswegen dürfen wir nicht zögern, uns ihr mit Phantasie und Ausdauer zu widmen.

Auch Euch, meine polnischen Landsleute, möchte ich mitnehmen zur Magna Mater Austriae und Mater Gentium Slavorum. Die tiefgehende Verbundenheit, die am 12. September 1683 unter dem Schutzmantel Marias zwischen Österreich und Polen entstanden ist, hat sich gerade in unseren Tagen wieder als tragfähig für echte Brüderlichkeit erwiesen.

Natürlich möchte ich nach Mariazell ganz besonders Euch mitnehmen, liebe Schülerinnen und Schüler. Ich möchte Maria sagen können, daß Euer Herz offen ist für jeden Anruf ihres Sohnes, so wie sie es wünscht: „Was er euch sagt, das tut" (Joh 2, 5). Laßt Euch auf Ihn ein! Er braucht Euch: Euren Schwung, Eure Ideen, Eure Kraft, ja das auch, vor allem aber Euer hoffnungsfrohes, junges Herz. Laßt Euch auf Ihn ein! Mag Er Euch dann in die Ehe, in eine geistliche Gemeinschaft oder ins Priestertum führen – überall seid Ihr Kirche; aber laßt es Ihn entscheiden!

„Er braucht euch: Euren Schwung, Eure Ideen, Eure Kraft, ja das auch, vor allem aber Euer hoffnungsfrohes, junges Herz. Laßt Euch auf Ihn ein! Mag Er Euch dann in die Ehe, in eine geistliche Gemeinschaft oder ins Priestertum führen – überall seid Ihr Kirche; aber laßt es Ihn entscheiden."

Er braucht Ehen, die sich als lebendige Zellen seines Reiches verstehen, als Strahlungszentrum seiner Liebe.

Er braucht Menschen, an deren Lebensform sichtbar wird, daß Er die letzte Sehnsucht unseres Herzens ist und der letzte Inhalt jeder Gemeinschaft. Er braucht Menschen, die in der Kirche das Wirken ihres Herrn im priesterlichen Dienst verkörpern, so wie ich es in diesen Tagen unter Euch tun durfte. Laßt Euch ein auf Ihn; es ist ein herrliches Abenteuer und jede Anstrengung wert!

Liebe Freunde! Der Tag, an den uns die Kirche auf dem Kahlenberg erinnert, entschied über Leben und Tod von Zehntausenden von Soldaten und Bürgern und über das politische und religiöse Schicksal ganzer Völker auf Jahrhunderte hin. Bei einem solchen Rückblick fühlen wir uns recht klein. Aber der Herr der Geschichte hat auch den Lebensweg eines jeden einzelnen von uns in seiner Hand und in seinem Herzen. Vertrauen wir uns Ihm an, im Großen und im Kleinen. Lebt wohl!

Wallfahrt des Papstes nach Mariazell mit Priestern und Ordensleuten

Zu Beginn der Eucharistiefeier auf dem Platz vor der Basilika begrüßte Kardinal König den Papst.

Heiliger Vater!

Ort: Mariazell
Zeit: 13. September, 11 Uhr
Teilnehmer: 30.000

An einem wahrhaft gnadenreichen Platz unseres Heimatlandes, im größten Wallfahrtsort Österreichs, darf ich Sie, Heiliger Vater, mit Ehrfurcht und Freude begrüßen.

Am Ende Ihres Besuches in Österreich treffen Sie hier mit Priestern, Diakonen, Ordensleuten, Priesterstudenten und Novizen zusammen. Mehr als 7000 Angehörige des geistlichen Berufes haben sich aus allen österreichischen Diözesen auf die Pilgerreise nach Mariazell begeben. Dazu kommen noch viele Gäste aus dem Ausland, besonders aus den benachbarten Oststaaten, denen unser besonders herzlicher Gruß gilt.

Die Berufung zum geistlichen Leben war immer in der Geschichte der Kirche vielen Gefahren ausgesetzt – von außen her und auch von innen. Unsere Sündhaftigkeit und menschliche Schwäche ist Anlaß dafür, daß wir mitunter die Erwartungen unserer Mitmenschen enttäuschen. Diese Erwartungen sind in Wirklichkeit sehr groß: Über alle Dienste hinaus, die von Priestern, Diakonen und Ordensleuten geleistet werden können, erhoffen die Menschen gerade aus unserem Lebensstand ein Zeugnis dafür, daß Christus auferstanden ist, daß das Leben und die ganze Erde wahrhaft einen Sinn haben und nicht endgültig in Müdigkeit, Hoffnungslosigkeit und Tod versinken.

Gemäß dem Wort der Heiligen Schrift „Stärke deine Brüder!" (Lk 22, 32) bitten wir Sie, Heiliger Vater, in der Kraft ihres Petrusamtes um Ihr Wort, das uns die Richtung weist und uns stärkt. Wir bitten um die gemeinsame Feier der Geheimnisse Christi, von denen wir alle leben. Wir bitten um Ihre Nähe bei unseren kranken und betagten Brüdern und Schwestern und wir bitten um Ihre Gemeinschaft mit den jungen Leuten, die sich auf den geistlichen Beruf vorbereiten.

Viele Laien werden mit uns heute feiern, hier in Mariazell und mit uns durch die Massenmedien verbunden. Segnen Sie besonders die Angehörigen und Weggefährten von Priestern und Ordensleuten.

Zum Gnadenbild Mariazells sind viele Millionen Menschen gepilgert. Im Vertrauen auf die Fürsprache Mariens haben wir uns hier versammelt. Wir grüßen Sie in großer Dankbarkeit für diesen gesegneten Tag.

Diese 500-Schilling-Münze wurde anläßlich des Österreichischen Katholikentages 1983 und des Papstbesuches in einer Auflage von 800.000 Stück geprägt.

Homilie des Papstes während der Eucharistiefeier

Liebe Mitpilger zur Gottesmutter von Mariazell!

1. Maria machte sich auf den Weg und eilte in eine Stadt im Bergland von Judäa. Der Name der Stadt war Ain-Karem. Heute machten wir uns auf den Weg und eilten zu ihr ins Bergland der Steiermark. Pater Magnus von St. Lambrecht hat ihr hier eine „Zelle" errichtet. Seit mehr als 800 Jahren empfängt sie nun darin die Pilger und nimmt ihr Bitten und Danken an – hier in ihrem Heiligtum „Mariazell".

   Von weit her kamen und kommen die Pilger – mit Zepter oder Wanderstab – und empfehlen sich und die Ihren immer wieder neu dem Schutz und der Fürsprache der „Magna Mater Austriae", der „Mater Gentium Slavorum", der „Magna Hungarorum Domina". Sie reihen sich damit ein in die große Wallfahrt der Völker, von der wir soeben beim Propheten Jesaja gelesen haben: „Völker wandern zu deinem Licht und Könige zu deinem strahlenden Glanz. Blick auf und schau umher: Sie alle versammeln sich und kommen zu dir . . . Dein Herz bebt vor Freude und öffnet sich weit" (Jes 60, 3–5).

   Auch in dieser Stunde öffnet sich wiederum das mütterliche Herz Marias, liebe Brüder und Schwestern, da wir im Anschluß an den großen Katholikentag ebenfalls als Pilger zu ihr gekommen sind, um nicht nur die Diözesen Österreichs und der benachbarten Völker, sondern die ganze Kirche ihres Sohnes vor ihr zu vertreten und ihrer Liebe und Sorge anzuvertrauen.

„Die von Euch Priestern und Ordensleuten um des Himmelreiches willen gewählte Ehelosigkeit macht Euch freier für die Gemeinschaft mit Christus und den Dienst an den Menschen. Sie macht Euch aber auch freier für um so engere und tiefere Gemeinschaft untereinander."

2. Liebe Mitbrüder im Bischofsamt, im Priestertum und im Diakonat, liebe Ordensleute, liebe Seminaristen, Novizinnen und Novizen, liebe Brüder und Schwestern im Laienstand! Als pilgerndes Gottesvolk sind wir alle von Gott „erkannt", „bestimmt" und „berufen", „an Wesen und Gestalt ihres Sohnes

teilzuhaben" (vgl. Röm 8, 28–30). Diese gemeinsame Berufung hat in den verschiedenen Lebensformen und Diensten der Kirche eine besondere Ausprägung. Dennoch gibt es in der Kirche wie in einer Familie zwischen ihren einzelnen Gliedern und Gruppierungen keine trennende Schranken. Alle sind aufeinander verwiesen, und jeder trägt jeden. So gehört auch jede meiner Begegnungen in diesen Tagen Euch allen, meine lieben Glaubensbrüder und -schwestern in Österreich: mein Wort zur Politik und das zur Kultur, mein Wort an die Jugend und das an die Kranken. Und Euch allen gehören auch meine Gedanken über das Priestertum und Ordensleben, die ich Euch hier beim Gnadenbild der Gottesmutter der Betrachtung und persönlichen Vertiefung anvertrauen möchte.

Je mehr Gemeinschaftsgeist es bei den Ordensleuten und Priestern gibt, um so wirkungsvoller wird ihr Dienst. Von der Art, wie sie Gemeinschaft leben, wird es auch abhängen, ob mehr junge Menschen den Schritt zum Ordens- und Priesterberuf wagen."

3. Das heutige Evangelium gipfelt in dem Satz: „Selig ist die, die geglaubt hat, daß sich erfüllt, was der Herr ihr sagen ließ" (Lk 1, 45). Mit diesem Satz schaut der Evangelist vom Haus der Elisabet zurück in die Kammer von Nazaret, vom Gespräch der beiden Frauen zum Sprechen Gottes. Gott ist es, der das Gespräch mit der heiligen Jungfrau, mit der Menschheit eröffnet. Das erste ist immer das Sprechen Gottes. „Im Anfang war das Wort" (Joh 1, 1). Deshalb muß, liebe Priester und Ordensleute, in unserem geistlichen Leben das erste immer das Hören sein. Erst muß das Wort Gottes vernommen werden, dann erst können wir Ant-wort geben; erst müssen wir horchen, dann erst können wir gehorchen. Stille und Sammlung, geistliche Lesung und Betrachtung sind unerläßlich für unseren Weg und Dienst als Hörer und Verkünder des menschgewordenen Wortes. Maria ist uns darin Vorbild und Hilfe. Die Evangelien zeichnen sie als die große Schweigende, als die im Schweigen Hörende. Ihr Schweigen ist der Schoß des Wortes. Sie bewahrt alles und läßt es reifen in ihrem Herzen. Wie in der Szene der Verkündigung wird das Hören auf Gott ganz von selbst zu einem Gespräch mit Gott, in dem wir ihn ansprechen dürfen und er uns anhört. Sprecht mitreißend vom Psalmisten des Alten Bundes, der da betet: „Nur eines erbitte ich vom Herrn, danach verlangt mich: im Haus des Herrn zu wohnen alle Tage meines Lebens, die Freundlichkeit des Herrn zu schauen und nachzusinnen in seinem Tempel" (Ps 27, 4).

„Erst muß das Wort Gottes vernommen werden, dann erst können wir Ant-wort geben; erst müssen wir horchen, dann erst können wir gehorchen."

4. Liebe Brüder und Schwestern! Gottes Wort führt uns in die Stille, zu uns selbst, zur Begegnung mit ihm, aber es trennt uns nicht voneinander. Gottes Wort isoliert nicht, sondern es verbindet. In der Stille ihres Gespräches mit dem Engel erfährt Maria von der Mutterschaft Elisabets. Aus der Stille dieses Gespräches macht sie sich auf den Weg und eilt zu ihr ins Bergland von Judäa. Maria weiß um Gottes Wirken an Elisabet und berichtet ihr von Gottes Wirken an ihr selbst. Kostbare Gebete sind das Geschenk jener Stunde. „Du bist gebenedeit unter den Frauen, und gebenedeit ist die Frucht deines Leibes", so beantwortet Elisabet den Gruß Marias, und unser tägliches Magnifikat ist Marias Antwort an Elisabet. Merken wir uns aus dem Evangelium unserer heutigen Pilgermesse: Gott beruft nicht nur, sondern er hilft den Berufenen auch, einander in ihrer jeweiligen Berufung zu verstehen und gegenseitig anzunehmen.

Jesus will, daß die Gerufenen bei ihm sind (vgl. Mk 3, 14), aber nicht als isolierte einzelne, sondern in Gemeinschaft. Das ganze Gottesvolk, aber auch die einzelnen Berufungen in ihm stehen in „communio" mit dem Herrn und untereinander. Wie bei Maria und Elisabet umfaßt diese Gemeinschaft das Glaubensleben wie den Alltag. Das wird besonders deutlich bei Euch Ordensleuten. Ihr lebt noch mehr als andere nach dem Beispiel der Urkirche, in der „die Gemeinde der Gläubigen ein Herz und eine Seele war" (vgl. Apg 4, 32). Je mehr es Euch gelingt, in Euren Gemeinschaften in echter Liebe zu leben, um so eindringlicher bezeugt Ihr die Glaubwürdigkeit der christlichen Botschaft. Eure Einheit macht nach den Worten des Konzils „das Kommen Christi offenbar, und eine große apostolische Kraft geht von ihr aus" (Perfectae caritatis, Nr. 15).

„Gottes Wort isoliert nicht, sondern es verbindet."

Das gilt in ähnlicher Weise auch von Euch Diözesanpriestern und Diakonen. Ich weiß, daß manche von Euch unter Einsamkeit leiden. Viele von Euch stehen – auch wegen des zunehmenden Priestermangels – in ihrer Arbeit allein. Ihr fühlt Euch vielleicht zu wenig verstanden und angenommen in einer Welt, die anders denkt und Euch mit Eurer Botschaft als etwas Befremdendes erlebt. Um so mehr müssen wir das bedenken und konkret zu leben versuchen, was das Konzil über die Gemeinschaft unter den Priestern sagt. Auch Ihr Weltpriester und Diakone seid niemals wirklich allein: Ihr bildet zusammen eine innige Schicksalsgemeinschaft! Denn durch die heilige Weihe und Sendung seid Ihr, wie das Konzil nachdrücklich betont, „einander in ganz enger Brüderlichkeit"

Johannes Paul II. vor dem Gnadenbild von Mariazell – in Andacht versunken. Erstmals sprach er an dieser Stelle die „Weihe an Maria“. Sie soll nach dem Wunsch der österreichischen Bischöfe künftig immer wieder erneuert werden.

Dieses Bild geht um den Erdkreis:
Die Geste des Segens am Grab des ungarischen Primas, Kardinal Joseph Mindszenti, in der Mariazeller Basilika.

Der Heilige Vater inmitten einer steirischen Musikgruppe. Bei seiner Begrüßung auf dem Sportflugplatz von Mariazell scheint er den Takt anzugeben.

Der Papst winkt ein letztes Mal. Seine Abschiedsworte lauten: „Liebe Österreicher! Lebt wohl! Gott segne euch!“

(Lumen gentium, Nr. 28), in ,,inniger sakramentaler Bruderschaft... verbunden" (Presbyterorum ordinis, Nr. 8). Ihr seid mit Euren ,,Mitbrüdern durch das Band der Liebe, des Gebetes und der allseitigen Zusammenarbeit" (ebd.) geeint. Bemüht Euch, liebe Mitbrüder, diese im Weihesakrament grundgelegte beglückende Wirklichkeit in lebendiger priesterlicher Gemeinschaft zu leben! Das machen auch wir, der Papst und die Bischöfe, mit Euch zu unserem gemeinsamen Anliegen. Tun wir alles, was mit Gottes Hilfe in unserer Macht steht, um uns einander brüderlich anzunehmen, gegenseitig mitzutragen und so gemeinsam für Christus Zeugnis zu geben.

Die von Euch Priestern und Ordensleuten um des Himmelreiches willen gewählte Ehelosigkeit macht Euch freier für die Gemeinschaft mit Christus und den Dienst an den Menschen. Sie macht Euch aber auch freier für um so engere und tiefere Gemeinschaft untereinander. Laßt Euch von niemandem und von nichts versuchen, diese hochherzige Verfügbarkeit zu mindern oder zurückzunehmen. Macht sie vielmehr voll fruchtbar für Euer Leben und Euren Dienst zum Heil der Menschen.

Liebe Priesteramtskandidaten in den Seminarien! Ihr seid voller Ideen über den Dienst und das Leben der Priester in unserer Zeit. Wir wollen uns mit Euch öffnen für das, ,,was der Geist den Gemeinden sagt" (Offb 2, 29; 3, 6.13.22). Zugleich bitte ich Euch: Lebt Eure Ideale schon jetzt, gerade das Ideal der Gemeinschaft – untereinander und mit Eurem Regens – in Glaubensleben, Studium und Freizeit.

Je mehr Gemeinschaftsgeist es bei den Ordensleuten und Priestern gibt, um so wirkungsvoller wird ihr Dienst. Von der Art, wie sie Gemeinschaft leben, wird es auch abhängen, ob mehr junge Menschen den Schritt zum Ordens- und Priesterberuf wagen. Dort, wo lebendige Konvente sind, dort, wo Seelsorger brüderlich zusammenleben, dort, wo Priester und Laien in der Einheit des Leibes Christi zusammenstehen, dort gibt es auch die meisten Berufe!

5. Liebe Brüder und Schwestern! Es ist mir eine ganz besondere Freude, diese Worte hier beim Gnadenbild der Gottesmutter von Mariazell an Euch richten zu können. Als Mutter Gottes und Mutter der Kirche ist Maria in vorzüglicher Weise auch die Mutter derjenigen, die die Sendung ihres Sohnes in der Geschichte fortsetzen. In ihrer Berufung, in ihrem vorbehaltlosen Ja zur Botschaft des Engels, in ihrem Lobpreis auf das gnädige Erbarmen Gottes im Magnifikat erkennen wir das Geheimnis und die Größe unserer eigenen Berufung. Im gläubigen Ja zu ihrer Erwählung und Sendung ist Gottes Wort in ihr geschichtliche Wirklichkeit geworden. Dadurch hat sich der ewige Ratschluß Gottes verwirklicht, von dem der heilige Paulus in der heutigen zweiten Lesung spricht: ,,Alle, die er im voraus erkannt hat, hat er auch dazu vorausbestimmt, an Wesen und Gestalt seines Sohnes teilzuhaben, damit dieser der Erstgeborene von vielen Brüdern sei" (Röm 8, 29). Durch ihren gläubigen Gehorsam dem Wort des Engels gegenüber ist Maria in den Mittelpunkt des göttlichen Heilsplanes getreten. Durch ihre Mutterschaft ist Gottes Sohn unser aller Bruder geworden, damit wir ihm gleichgestaltet werden können in Gerechtigkeit und Herrlichkeit. Denn so sagt der heilige Paulus heute weiter: Die Gott ,,berufen hat, hat er auch gerecht gemacht; die er aber gerecht gemacht hat, hat er auch verherrlicht" (ebd., V. 30). Die Erhöhung des Menschen bis zur Teilnahme an der Herrlichkeit der Heiligsten Dreifaltigkeit verwirklicht sich durch Christus, den Sohn Gottes, der durch das gläubige ,,Fiat" Marias der Menschensohn geworden ist. Ja, in der Tat: ,,Selig ist die, die geglaubt hat"; siehe, fortan preisen sie selig alle Geschlechter.

Ja, liebe Brüder und Schwestern, selig auch wir, die wir geglaubt haben, wenn wir wie Maria aus unserer persönlichen Begegnung mit Gott aufbrechen, um den Bewohnern der Berge und Täler aller Länder und Kontinente heute zu verkünden, was sich im Schoß Marias, in Christus, ihrem Sohn, und in uns, seinen Brüdern, an Großtaten Gottes ereignet hat. Denn, so sagt uns der Prophet Jesaja in der ersten Lesung, ,,Finsternis bedeckt die Erde und Dunkel die Völker, doch über dir geht leuchtend der Herr auf, seine Herrlichkeit erscheint über dir" (Jes 60, 2). Durch den Glauben Marias ist das Licht Gottes aufgestrahlt und erleuchtet das neue Jerusalem. Es ist das Aufleuchten der Herrlichkeit des Allerhöchsten, jenes Lichtes, das anfangsweise schon jeden Menschen erleuchtet, das aber in Jesus Christus allen in hellem Glanz erstrahlen will. Deshalb ist es uns aufgetragen zu verkünden: ,,Auf, werde licht, denn es kommt Dein Licht, und die Herrlichkeit des Herrn geht leuchtend auf über dir" (Jes 60, 1).

Zum Abschluß der Eucharistiefeier ergänzte der Papst:
,,Ich möchte noch eine Kategorie von Ordensleuten nennen, die kontemplativen Brüder und Schwestern. Manche von ihnen befinden sich auch heute in unserer Mitte. Zum Schluß möchte ich auch bitten, daß Ihr Euch einem Gebetsgedanken anschließt, der mich auch auf dieser Pastoralreise immer begleitet hat. Ich meine das Gebet für die Bedrängnisse der Kirche in aller Welt und für die harten Prüfungen so vieler unserer Brüder und Schwestern. Für die Opfer von Hunger, Haß und Terrorismus, von Rivalität unter den Nationen. Sie alle sind doch Söhne und Töchter derselben Menschheitsfamilie.
Wie könnten wir heute vor allem die Toten vergessen, die der Bruderkrieg im Libanon auf allen Seiten fordert, ebenso die Opfer von Gewalt in Lateinamerika und Afrika und schließlich auch die Toten aus dem tragischen Abschuß eines südkoreanischen Flugzeuges.
Der mütterlichen Fürsprache der Jungfrau Maria wollen wir das Wohl und die Freiheit der Kirche und aller Gläubigen anvertrauen. In ihre Hände legen wir die Sehnsucht der Menschheit nach Frieden, nach Gerechtigkeit und Brüderlichkeit unter den Völkern."

Wer einen geistlichen Beruf hat, dem gilt diese Sendung der Kirche in einer besonderen Weise. Christus hat seine Jünger nicht nur in seine vertraute Nähe berufen, sondern er sendet sie aus der Vertrautheit mit ihm hinaus zu den Menschen (vgl. Mk 3, 14). „Geht hinaus in die ganze Welt, und verkündet das Evangelium allen Geschöpfen" (Mk 16, 15): Eigens erwähnen möchte ich in diesem Zusammenhang Eure Priester, Brüder und Schwestern in der Mission, die zusammen mit den kirchlichen Entwicklungshelfern in aller Welt die Frohe Botschaft im Wort und in sozialer Tat verkünden. Wer immer Ihr seid und wo immer Ihr arbeitet, Euer geistlicher Auftrag ist überall der gleiche, nämlich mit dem „aufstrahlenden Licht aus der Höhe" alle zu erleuchten, die „in Finsternis und im Schatten des Todes sitzen" (vgl. Benediktus). Dies ist Eure Sendung, ob Ihr in einer Stadtpfarrei Priester seid oder eine kleine Landgemeinde betreut, ob Ihr als Ordensmänner und Ordensfrauen in der Schule wirkt oder in der Fürsorge und Krankenpflege arbeitet oder ob Ihr durch Krankheit und Alter zu scheinbarer Untätigkeit verurteilt seid.

Gerade auch Euch kranken und betagten Priestern und Ordensleuten fühle ich mich in dieser Stunde ganz besonders verbunden – einige von Euch werde ich ja anschließend persönlich begrüßen. Eurer Sorge und Eurem Gedenken empfiehlt sich die ganze Kirche auf der weiten Welt. Für Eure Mission gibt es keine Schranken des Raumes mehr. Eure Sprache ist das Gebet und das mutig immer neu angenommene Leid. Auch Euch sendet der Herr immer wieder aus. Euer

Mariazell Weihegebet an Maria

Selig bist Du, Maria, die Du geglaubt hast! So lobpreisen wir Dich zusammen mit Elisabet (vgl. Lk 1, 45). Selig bist Du, Mutter unseres Herrn Jesus Christus und Mutter der Kirche.
Unser aller Mutter bist Du, die wir heute diese Wallfahrt zu Deinem Heiligtum in Mariazell unternommen haben: Bischöfe, Priester, Diakone, Ordensleute, Seminaristen, Novizen und viele Gläubige von nah und fern zusammen mit dem Nachfolger des Apostels Petrus inmitten des pilgernden Gottesvolkes.
Vor Dir möchten wir dieses Gebet unserer Weihe aussprechen. Deinem reinen Herzen vertrauen wir alles an, was uns in dieser Stunde zutiefst bewegt: all unsere berechtigten Wünsche und Hoffnungen, zugleich aber auch unsere Sorgen und Leiden. Führe uns mit unseren Freuden und Lasten zu Deinem Sohn, in das Heiligtum seines liebenden Herzens, damit er seinen Brüdern und Schwestern den Vater zeige, das selige Ziel unserer Wege.

Heilige Mutter von Mariazell! Dir überantworten wir dieses Land mit seinen Dörfern und Städten, ganz Österreich und seine Bewohner. Sein kostbares Erbe, das Christentum, möge weiterhin das Leben der einzelnen und der Familie, das Leben der Gesellschaft und des Staates heilen und prägen. Es helfe allen, den tiefsten Sinn ihres irdischen Lebensweges zu finden. Es wecke wieder Mut und Hoffnung für die Tage und Jahre, die kommen.

Deinem mütterlichen Herzen, Maria, vertrauen wir vor allem diejenigen an, die von Leid und Schmerz bedrückt sind: Kranke und Behinderte, Männer und Frauen in schwierigen Ehen, Kinder in zerstrittenen Familien, Menschen mit drückenden Schulden, Arbeitslose, Entwurzelte, Strafgefangene. Wieviel Tränen, wieviel Angst, wieviel Dunkel auf dem Weg!
Das Kreuz Deines Sohnes leuchte ihnen auf als Zeichen des unendlichen Erbarmens Gottes. Zeige ihnen die Gesinnung Christi, die es möglich macht, das Böse durch das Gute zu besiegen (vgl. Röm 12, 21), durch tapfere Liebe zu einer neuen Lebenserfüllung zu gelangen. Nimm an, barmherzige Mutter, jeden selbstlosen Samariterdienst, jede freiwillig geschenkte Stunde im Dienst für den Nächsten in Bedrängnis!

Ebenso empfehlen wir Dir die Menschen in der vollen Kraft ihres Lebens, Männer und Frauen, die für ihre Familie, für ihren Berufsbereich, für die

besonderer Dienst – das Beten und Leiden – ist in der Sendung der Kirche unersetzbar. Am Ende seines Lebens hat auch der Herr nicht mehr gepredigt. Er hat nur noch sein Kreuz auf sich genommen und es getragen und erduldet, bis schließlich alles vollbracht war.

6. Liebe Brüder und Schwestern im Priester- und Ordensstand und Ihr alle, die Ihr Euch auf diese geistlichen Berufe vorbereitet! Der Herr hat Euch auserwählt, damit Ihr in Gebet und Sammlung bei ihm seid, damit Ihr Eure Berufung in Gemeinschaft lebt und damit Ihr sein Heil hinaustragt zu den Menschen. Am Ende der Eucharistiefeier werde ich diese Eure Berufung dem mütterlichen Schutz und Beistand der Gnadenmutter von Mariazell anempfehlen.

Um zusammenzufassen, was ich Euch von unserer gemeinsamen Wallfahrt mitgeben möchte, was Maria selber Euch – und mir – von diesem ihren Heiligtum mit auf den Weg geben möchte, wähle ich ein Wort, das sie sicher selbst oft in ihrem Leben gebetet hat, einen Vers aus dem heutigen Antwortpsalm. Mit ihm möchte ich nochmals das große Thema des Katholikentages aufgreifen und durch Maria einem jeden von Euch ins Herz legen lassen:

„Hoffe auf den Herrn, sei stark!
Hab festen Mut und hoffe auf den Herrn!"
Amen.

Gemeinschaftsaufgaben im Lande verantwortlich sind. Laß sie in der Frohen Botschaft Licht und Kraft für ihre Pläne und Entscheidungen finden, geleitet von einem reifen christlichen Gewissen: die Väter und Mütter, die Lehrer und Ärzte, die Wissenschaftler und Politiker, die Polizisten, Soldaten und alle, die dem Gemeinwohl dienen. Zeige ihnen den leuchtenden Wert der Wahrheit, das hohe Gut der Gerechtigkeit, den stillen Glanz der Selbstlosigkeit!

Deinen mütterlichen Schutz, Maria, erbitten wir auch für die junge Generation: Kinder, Burschen und Mädchen, junge Männer und Frauen. Geleite sie behutsam Schritt für Schritt auf dem Weg christlicher Verantwortung für sich selbst und die Gemeinschaft: die Mutigen und die Starken, die Unternehmungslustigen und die Zupackenden; ebenso die Stillen, die Zögernden, die Abwägenden; die Lachenden und die Ernsten.
Laß in ihren Herzen das Licht jener Ideale nicht verlöschen, die dem Leben des Menschen seinen wahren Wert geben. Niemand soll sie auslöschen: weder die jungen Menschen selbst noch irgendjemand sonst. Mutter, segne die Jugend, daß sie fähig werde, von sich selbst viel zu fordern und anderen viel zu geben, den Versuchungen einer Genußwelt zu widerstehen und dem Wohl ihres Nächsten zu dienen.

Schließlich weihen wir Dir, Gottesmutter von Mariazell, die Kirche Jesu Christi hier in Österreich: alle, die in ihr Verantwortung tragen und ihr dienen, alle Hirten und Gläubigen in den Diözesen Salzburg und Wien; Sankt Pölten und Linz; Graz-Seckau und Eisenstadt; Gurk, Innsbruck und Feldkirch.
Die Kirche erfülle heute wie in Zukunft ihren Heilsauftrag: im Namen des Evangeliums Jesu Christi, in fester Einheit mit den anderen Ortskirchen der Weltkirche und mit dem Petrusamt in Rom, zum Wohl und Segen aller Menschen dieses Landes, der Einheimischen und der Zugezogenen, der Gläubigen und der Suchenden.
Mutter der Kirche, zeige dem Volk Gottes in diesem Lande wieder den Weg, Berufungen zum Priestertum und Ordensleben in größerer Zahl zu entdecken und zu fördern. Möge sich zugleich das vielfältige Laienapostolat noch vertiefen und ausarbeiten, die missionarische Verantwortung aller noch zunehmen.
Magna Mater Austriae, segne die Kirche Österreichs!
Christus, Guter Hirt der Deinen, nimm im Herzen Deiner Mutter unser ganzes Vertrauen, unseren guten Willen, unsere hochherzige Weihe entgegen. Amen.

Verabschiedung auf dem Flughafen Wien-Schwechat

Zum Abschied erklärte Bundespräsident Dr. Rudolf Kirchschläger auf dem Flugplatz im Rahmen einer großen Zeremonie:

Ort: Wien-Schwechat
Zeit: 13. September, 17.45 Uhr

Wohl noch nie hat ein Mensch auf österreichischem Boden innerhalb von nur vier Tagen so viele tragfähige Brücken gebaut, als es Eure Heiligkeit zu tun vermochten:
Brücken zur Jugend und zu den Alten,
Brücken zu Skeptikern und suchenden Menschen und zu den Gläubigen,
Brücken innerhalb der katholischen Kirche und zu den Bruderkirchen,
Brücken zur Wissenschaft und zur Kunst,
Brücken zu den Arbeitern und zu den Bauern,
Brücken zu den Kranken und Leidenden,
Brücken zu den Menschen in fernen Ländern und in der Nachbarschaft
und Brücken auch zu jenen, die kraft demokratischer Wahlen Verantwortung in unserer Republik tragen.

Eure Heiligkeit und Heiliger Vater! Österreich ist durch Ihren Besuch in der Tat reicher an gutem Willen, reicher an Bereitschaft zur Mitmenschlichkeit und zum Miteinander geworden, aufgeschlossener auch für die Not dieser Zeit und offener für die bleibenden Werte des Lebens. Dies liegt nicht nur im Interesse der Kirche, es liegt auch im Interesse eines Staates, der ein wirkliches Gemeinwesen zu sein versucht.

Nehmen Sie, Eure Heiligkeit, daher bitte meinen respektvollen, aufrichtigen und – gestatten Sie mir das Wort – auch herzlichen Dank für diesen wahrhaft pastoralen Besuch entgegen. Es waren segensreiche Tage für unsere Republik und für das österreichische Volk.

Wenn wir in Österreich von Menschen Abschied nehmen, die uns teuer sind, sagen wir zu ihnen: Behüt Gott und auf Wiedersehen!

Behüt Gott, Heiliger Vater, und auf Wiedersehen in Österreich!

Zum Abschied unmittelbar vor dem Abflug mit einer AUA-Maschine hielt Papst Johannes Paul II. folgende Ansprache:

Sehr verehrter Herr Bundespräsident!
Verehrter Herr Kardinal, liebe Mitbrüder im Bischofsamt!

Meine Damen und Herren!

1. Gekommen ist die Stunde des Abschieds. Voll dankbarer Freude blicke ich auf die zurückliegenden erlebnisreichen Tage, in denen ich als Pilger im Volke Gottes, als Zeuge des Glaubens und christlicher Hoffnung sowie als Freund Ihres Landes in Ihrer Mitte weilen durfte. Ich war gekommen, um dem Auftrag des Herrn entsprechend meine Brüder und Schwestern in ihrer christlichen Berufung zu bestärken. Reich beschenkt und voll tiefer Erinnerungen kehre ich nun wieder in meine Bischofsstadt Rom zurück. Wir alle haben wohl aus den Begegnungen dieser Tage, aus dem feierlichen Bekenntnis zu Christus und aus dem gemeinsamen Gotteslob viel empfangen. Dafür gebührt Gott, dem Geber alles Guten, unser Preis und Dank.

„Möge Gott den Samen seines Wortes, den er durch den Katholikentag ausgestreut hat, in den Herzen Wurzel schlagen lassen und für alle fruchtbar machen!"

2. Aufrichtig danke ich allen, die zum guten Gelingen dieser meiner Pastoralreise beigetragen haben: Ihnen, sehr verehrter Herr Bundespräsident, und den Bürgern des Landes für die mir gewährte herzliche Gastfreundschaft; meinen Mitbrüdern im Bischofs- und Priesteramt sowie allen Gläubigen, die den Österreichischen Katholikentag und meinen Besuch so sorgfältig vorbereitet haben. Allen beteiligten Stellen aus Staat und Kirche, dem Sicherheits- und Ordnungsdienst, der Ersten Hilfe sowie den unzähligen verborgenen Helfern gilt mein herzliches „Vergelt's Gott"!

„Ich wünsche Österreich Frieden und Wohlergehen."

3. Im Zeichen des Kreuzes haben wir uns auf die Geschichte und Sendung Europas besonnen und in diesem Licht die Geschichte und Sendung Österreichs bedacht. Wir sind uns neu bewußt geworden, daß Gegenwart und Zukunft Europas kraftvoller Impulse aus der Mitte unseres Christseins bedürfen; daß es wache Herzen braucht, solche Impulse aufzunehmen und in die Tat umzusetzen. Unter diesem Anliegen standen die Begegnungen im Raum der Kirche und die feier-

„Liebe Österreicher! Lebt wohl! Gott segne Euch!

lichen Gottesdienste; diesem Anliegen wollten auch meine Begegnungen mit den Vertretern des internationalen, öffentlichen und kulturellen Lebens dienen.

4. Und nun heißt es Abschied nehmen. Möge Gott den Samen seines Wortes, den er durch den Katholikentag und durch meinen Dienst in Ihrer Mitte über Ihr Vaterland ausgestreut hat, in den Herzen Wurzel schlagen lassen und für alle fruchtbar machen! Möge er auch in mir die vielen tiefen Eindrücke, die mir hier geschenkt wurden, lebendig erhalten und so zu einem Geschenk an die ganze Kirche machen!

Ich wünsche Österreich Frieden und Wohlergehen. Ich wünsche ihm jene Haltungen und Tugenden, auf denen Frieden und Wohlergehen gedeihen können, in denen alle materiellen Güter und Strukturen ihre Sinnerfüllung finden. Ich wünsche ihm auch weiterhin jene Heiterkeit des Gemütes, der es wohl zuzuschreiben ist, daß sich die Künste und die Gäste seit eh und je in seinen Grenzen so zu Hause fühlen. Ich wünsche ihm den Schutz der Heiligen, deren Wirkungsfeld es war. Ich habe es in Mariazell der Mutter unseres Herrn anempfohlen, der es mit besonderer Liebe an so vielen Stellen seiner gesegneten Landschaft Kapellen und Kirchen geweiht hat.

Der Herr der Geschichte, der Österreich nach dem Krieg eine neue Blüte gewährt hat, möge auch in Zukunft seine schützende Hand darüberhalten, ja, es zu einem Segen für ganz Europa machen!

Liebe Österreicher! Lebt wohl! Gott segne Euch!

Johannes Paul II. – ein Papst aus dem Volk, für das Volk

„Habt Achtung vor dem Menschen, er ist Gottes Ebenbild." Diese Forderung zieht sich wie ein Leitfaden durch alle Ansprachen von Papst Johannes Paul II. Dieser erste Papst aus dem kommunistischen Machtbereich war im Konklave vom 16. Oktober 1978 im Alter von 58 Jahren zugleich auch als jüngster Papst der neueren Kirchengeschichte gewählt worden.

Die Botschaft dieses 265. Nachfolgers Petri ist die Botschaft Christi: Gerechtigkeit, Freiheit und Frieden für alle Menschen guten Willens. Vom ersten Tag seines Pontifikates an will er der von schweren Krisen erschütterten Welt einen Weg ins dritte Jahrtausend weisen. Er beruft sich dabei auf Christus, der sich vor 2000 Jahren für die ganze Menschheit geopfert hat. Auf seinen bisher 20 Auslandsreisen, in seinen drei Enzykliken und unzähligen Ansprachen versucht er ohne Unterlaß, die Menschen in aller Welt im Glauben zu stärken und ihnen gegen die Herausforderungen der Zeit Mut einzuflößen – getreu seinem Aufruf am Tag seines „Dienstantrittes" als oberster Hirte der Kirche. „Habt keine Angst! Öffnet, ja reißt die Tore weit auf für Christus! Öffnet die Grenzen der Staaten, die wirtschaftlichen und politischen Systeme . . . seiner rettenden Macht!"

Der Mensch und die Achtung seiner Würde, seiner Rechte stehen im Mittelpunkt seiner Ansprachen. Besonders am Herzen liegt dem Papst das Recht auf Leben in jedem Entwicklungsstadium, von der Empfängnis bis zum Tod, sowie das Recht auf Religionsfreiheit. Zu seinen Forderungen gehören die Solidarität der reichen Völker mit den weniger entwickelten Ländern, die Würde der menschlichen Arbeit, die soziale Gerechtigkeit. Bedeutend auch die immer wieder vorgetragene Ermutigung zu ökumenischer Arbeit und theologischer Forschung.

Das Leitmotiv findet sich in drei großen, vielbeachteten Enzykliken des polnischen Papstes. In allen setzte er sich mit dringenden Fragen der Gegenwart einer bedrängten und geängstigten Menschheit auseinander: mit der Würde des Menschen („Redemptor hominis"), mit dem Begriff der Barmherzigkeit („Dives in misericordia"), mit der Welt der Arbeit („Laborem exercens"). Seine programmatische Enzyklika „Redemptor hominis" aus dem Jahre 1979 enthält als ersten Satz die grundlegende und sein ganzes Wirken bestimmende Überzeugung: „Der Erlöser des Menschen, Jesus Christus, ist Mittelpunkt des Kosmos und der Geschichte." Von dieser Grundwahrheit aus leitet der Papst den Vorrang der Ethik vor der Technik und die Überlegenheit des Geistes über die Materie ab. Sicherlich hat die persönliche Erfahrung des Papstes als Sohn und Bischof eines Volkes, dessen Menschenrechte und Menschenwürde immer wieder mit Füßen getreten wurden, hiebei eine entscheidende Rolle gespielt.

Das Bedürfnis nach engstem Kontakt mit dem Volk zeigt, daß dieser Papst sein Amt in erster Linie als Seelsorger versteht. Zum ersten Mal seit langer Zeit tritt mit ihm ein Papst auch als Bischof seiner Diözese Rom öffentlich in Erscheinung.

Nun hat er vom 10. bis 13. September Österreich – Wien und Mariazell – besucht. Die Kirche in Österreich kam durch ihn in Bewegung wie lange nicht mehr. Wenige Tage nach seinem ergreifenden Abschied in Wien-Schwechat sind die Wirkungen für Kirche, Staat und Gesellschaft in Österreich noch nicht abzusehen. Der Papst selbst ist seit vielen Jahren mit Österreich, insbesondere mit Kardinal König in Verbindung.

Karol Wojtyla wurde am 18. Mai 1920 in Wadowice geboren. Nach seiner Gymnasialzeit studierte er Literatur an der Universität Krakau. Während der Besatzung im Zweiten Weltkrieg arbeitete er in einem Steinbruch und studierte heimlich Theologie. Die Priesterweihe empfing er 1946 und setzte seine Studien in Rom fort. Nach Jahren in der Studentenseelsorge wirkte Wojtyla an der Katholischen Universität Lublin und an der Theologischen Fakultät Krakau als akademischer Lehrer. 1958 erfolgte seine Ernennung zum Weihbischof, 1963 zum Erzbischof von Krakau und 1967 seine Berufung ins Kardinalskollegium. Während des Zweiten Vatikanums hatte er namhaften Anteil an der Formulierung der Pastoralkonstitution über die Kirche in der modernen Welt („Gaudium et spes").

Pressestimmen

Als „Erfolg, wie man ihn in Wien eigentlich nicht erwartet habe", hat der Wiener Kardinal Dr. Franz König den viertägigen Besuch von Papst Johannes Paul II. in Österreich bewertet. In einem Interview mit Radio Vatikan betonte König, daß der Papst die Herzen der Bevölkerung erobert habe, es sei spürbar gewesen, wie die Zahl der Menschen von Halbtag zu Halbtag angestiegen sei, die den Papst erreicht haben. Beeindruckt habe das ungeheure Programmpensum, das der Papst während seines viertägigen Aufenthaltes erledigt habe.

Johannes Paul II. selbst sei über den Verlauf der Reise nach Österreich „innerlich sehr glücklich gewesen", führte Kardinal König aus. Er habe durch seine Einfachheit und seine Schlichtheit der Kirche und dem Glauben dienen können. Die Menschen hätten dies gespürt, daß er in keiner Weise sich selbst suche, sondern den Dienst an der Sache.

Durch den Besuch in Mariazell habe der Papst die Kirche in Österreich ausgezeichnet, zugleich wies der Kardinal aber auch auf die Bedeutung des Ortes in den vergangenen Jahrhunderten für die Nachbarvölker im Osten hin. Nach Mariazell seien Jugoslawen, Kroaten, Slowenen, Ungarn, Tschechen und Polen gekommen. Der Besuch des Papstes an diesem Wallfahrtsort sei somit „eine Besiegelung dessen, was wir Mariazeller Tradition nennen".

Tief beeindruckt seien die österreichischen Bischöfe von ihrer Begegnung mit dem Papst gewesen, unterstrich der Vorsitzende der Österreichischen Bischofskonferenz. Der Papst habe in seinem Gespräch die Bischöfe auf die vollständige Wandlung der pastoralen Perspektive des Bischofsamtes hingewiesen, der Kontakt mit den Gläubigen ohne viel Zeremoniell sei das Entscheidendste, und hierbei gehe der Papst mit eindrucksvollem Beispiel voran. Nicht um die Institution müsse es vorrangig gehen, sondern um die Gemeinschaft mit den Glaubenden.
KATHPRESS, 14. 9. 1983

„Dieser Papst hat alles gesprengt. Seinen Panzer – das Papamobil wurde geöffnet –, das Protokoll, die Trägheit und Muffigkeit des goldenen Wiener und österreichischen Herzens. Er hat einen Weg gesucht, hat ihn gefunden, ist ihn gegangen. Das Motto, unter dem der Papstbesuch stand, nicht nur für die Gläubigen, war wider die Angst, für die Hoffnung."
OBERÖSTERREICHISCHE NACHRICHTEN, 14. 9. 1983

„Die Tiefen- und die Fernwirkung ist gar nicht abzuschätzen, auch wenn sich schon morgen der Alltag wieder nach vorn drängt, der Zwang zu sparen die Innenpolitik durcheinanderbringt und sich in den Verteilungsgedanken und Nachfolgekämpfen manches von der Gefühlswoge, die seit Samstag über die Republik ging, damit verbinden wird . . . Man macht es sich zu leicht, wenn man das nur auf Karol Wojtylas Charisma zurückführt. Es ist die Sehnsucht nach Wahrheit, Gemeinschaft, ja Brüderlichkeit, die die Massen mobilisiert. Er weckt eine Welle, die ihn selbst trägt, so auch hier. Auswirkungen könnte das auch auf die Qualität des öffentlichen Lebens haben . . . Johannes Paul II. hat so in diesen Tagen in Österreich Politik gemacht, ohne das, was man hier gemein darunter versteht, auch nur zu berühren."
DIE PRESSE, 14. 9. 1983

„Der in Österreich vorher viel beschworene ‚Papstrummel' hat nicht stattgefunden, sowohl die großen Glaubenskundgebungen als auch die kleineren Veranstaltungen verliefen bei aller Begeisterung würdig und natürlich. Nicht eingetroffen ist auch die Befürchtung vieler, der polnische Papst werde von der Ost-West-Drehscheibe Wien aus vor allem in die östlichen Nachbarländer hineinpredigen, speziell in die Tschechoslowakei, wo die Kirche besonders schlecht behandelt wird. Er hat der Neutralität Österreichs voll Rechnung getragen und allenfalls das Modell Österreich in Richtung Osten empfohlen. Wenn er die Grenzen der Alpenrepublik mit europäischen oder weltpolitischen Themen überschritten hat, dann stets nach allen Richtungen."
SÜDDEUTSCHE ZEITUNG, 14. 9. 1983

„Es ist sicher nicht übertrieben, wenn man feststellt, daß eine starke Aufbruchsstimmung zu spüren ist. Vor allem bei den jungen Menschen, die sich heute von der Kirche Antworten auf die Fragen erhoffen: auf Fragen nach dem Sinn des Lebens, nach dem Frieden, den Menschenrechten und der Umwelt. Kann aber das, was der Papst an innerem Engagement, an Begeisterungsfähigkeit geweckt hat, auf den Kirchenalltag übertragen werden? Johannes Paul II. hat insoferne den Weg gezeigt, als er an die Bischöfe, an die Priester appellierte, Zäune der Konvention abzureißen, um noch enger mit den Gläubigen zusammenzurücken. Die Kirche hat mit dem Papstbesuch, mit dem Katholikentag einmal mehr bestätigt, daß sie ein elementarer Faktor, eine moralische Autorität in der Gesellschaft ist. Politiker und Parteien wären gut beraten, Bedenken oder Argumente der Kirche nicht einfach vom Tisch zu fegen, sondern sich ernsthaft mit ihnen auseinanderzusetzen, einen Dialog zu führen, der für alle sehr fruchtbar sein kann."
NEUE KRONEN ZEITUNG, 14. 9. 1983

„Dieser Papstbesuch hat unserem Land, das immer ein wenig an Minderwertigkeitskomplexen leidet, seine historische wie aktuelle Rolle als Mittler zwischen Ost und West bewiesen; seine europäische Funktion, die nur zu oft zu wohlgefälliger und oft selbstzerstörerischer Nabelbeschau entartet. Mit der Kraft seines Amtes und seiner Person hat der Papst in unserer klein gewordenen Alpenrepublik kurz das Wurzelgeflecht freigelegt, das noch immer ausgreift in den Donauraum und gesamteuropäische Verantwortlichkeit mit sich bringt."
KURIER, 14. 9. 1983

„Papst Johannes Paul II. hat die Österreicher in den Bann seiner Persönlichkeit gezwungen . . . Wie kleinkariert, wie armselig, ja wie mies sind oft die Figuren, die unser öffentliches Leben bevölkern! Dagegen zeigte Karol Wojtyla seine erdnahe Liebenswürdigkeit, sein sicheres Taktgefühl, die Festigkeit seiner moralischen Überzeugungen. Jeder konnte sehen: Ein Mann von Format war bei uns."
KURIER, 14. 9. 1983

„Der Papst hat in Wien sowohl die Österreicher als auch die anderen Mitteleuropäer an die gemeinsamen Wurzeln, an die Gemeinsamkeit über die Spaltung hinweg, an die Überwindung der Unbill der Zeit durch Vertrauen auf Gott und auf die Zukunft erinnern wollen."
DIE PRESSE, 12. 9. 1983

„Der Papst war absolut glücklich in Österreich. Er hatte bisher 20 Länder besucht. Aber noch nie war die Organisation so perfekt und die Begeisterung so groß wie hier."
BUNTE ÖSTERREICH, 15. 9. 1983

„Der Papst selbst erwies sich aus der Nähe beeindruckender und sensibler, als dies Berichte über ihn aus der Ferne vermuten lassen. Gewiß, er legte seinen Standpunkt mit Festigkeit dar, aber das gehört nun einmal zu seinen Pflichten. Tatsächlich scheint die Voreingenommenheit mancher Berichterstatter jene faszinierende, volkstümliche Liebenswürdigkeit zu überdeken, von der Manfred Scheuch in der ‚Arbeiterzeitung' zu berichten weiß und die dem Papst die Herzen von Hunderttausenden entgegenschlagen läßt."
KLEINE ZEITUNG, 13. 9. 1983

„Und was bleibt von den Worten?

Die Beschwörung der Brükkenfunktion Österreichs, das Schuldbekenntnis für die Verbrechen der Christen an Christen, an Nichtchristen und vor allem an den Juden, der Satz vom ‚Drama der schlecht genutzten Freiheit', die hoffnungsvolle Botschaft an die Jugend, daß die Mitte der Nacht zugleich schon der Anfang des Tages sei und ‚die Schwierigkeiten unserer Zeit auch die kühnsten Träume und besten Kräfte des Geistes, des Herzens, der Hände wecken'; dann der tröstliche Gedanke von einer Welt, die ohne Kranke ärmer an gelebter Mitmenschlichkeit sein würde – und der Appell, in der Arbeitslosigkeit keinen persönlichen Makel zu sehen . . ., schließlich noch die Bitte an die Journalisten: ‚Ermöglichen Sie es dem Guten, als wenigstens ebenso spannend erlebt zu werden wie das Unerfreuliche.' Ein Prinzip, das unsere Arbeit leiten sollte."
NEUE KRONEN ZEITUNG, 17. 9. 1983

„Trotz vieler Enttäuschungen in der Geschichte ist es unglaublich anzunehmen, daß alles, was der Papst in Österreich zum Frieden, zur Verständigung, zur Solidarität, zur Aufgabe der Publizistik Brücken zu bauen, gesagt hat, sofort vergessen ist, sobald er das Land verlassen hat. Papst Johannes Paul II. hat vielen Millionen Österreichern, die ihn persönlich oder über den Bildschirm gesehen haben, Anstöße zum Umdenken gegeben, die nicht wirkungslos bleiben werden. Er hat tiefen Eindruck auch auf Menschen gemacht, die nicht katholisch sind. Für sie und die 87 Prozent der Österreicher, die sich zur katholischen Kirche bekennen, wäre es sinnlos gewesen, dem Papst zuzuhören, wenn sie nicht daran glauben würden, daß sich der Mensch bessern kann. Diesen Glauben hat der Papst in den vergangenen vier Tagen gestärkt."
SALZBURGER NACHRICHTEN, 14. 9. 1983

„Klarer als bei vielen politischen Ereignissen und Gipfeltreffen zuvor wurde bei verschiedenen Veranstaltungen dieses Besuches gezeigt, daß Europa nicht am Eisernen Vorhang aufhört.
SALZBURGER NACHRICHTEN, 14. 9. 1983